how to use KOJIRASE

「依存型こじらせ女子」だった私が、
彼から溺愛される女になれた方法

鶴岡りさ

大和出版

はじめに

「こじらせ」には、正しい使い方がある♡

「私は、大好きな人には愛してもらえないのかな」
「本音を伝えたら、彼に重いって引かれそうで怖い」
「彼はもう私を好きじゃないかも、と思うと不安でたまらない……」

いつも苦しい恋愛になり、どうすれば幸せになれるのか、彼に愛してもらえるのか、その方法を求めている女性がたくさんいるのではないでしょうか。
もし、あなたが苦しい恋愛を繰り返しているのなら、あなたの心の奥に、恋愛の不安や寂しさなどが暴走する思考パターンが、備わっているかもしれません。

この思考パターンが、好きな人とうまくいかなくなる行動や感情を引き起こしてしまうのです。

これらの思考パターンを持つ女性を、「依存型こじらせ女子」と言います。

このように言われると、永遠に幸せになれないかのように思えますが、それは違います。

実は、「自分の中に、この思考パターンが存在する」ことに気づくだけで、あなたの考え方や行動が、ガラッと変わりはじめます。

もちろん、気づくだけですから、今までの思考パターンを消し去る必要も、自分を偽って我慢したり、別の誰かを演じたりする必要もありません。

彼に振り回され、右往左往していたのがウソのように、「私もこんなに幸せになれるんだ」と思える恋愛が、あなたの大好きな人とできるようになります。

私は現在、恋愛心理カウンセラーとして、生徒さんに、自分のことが大好きになれる考え方や、彼と共に幸せになるパートナーシップ、結婚に繋がるお付き合いをする方法（『「妄想」を操る女は100％愛される♥』（小社刊）参照）をお伝えしています。

しかし、以前の私は、極度の「依存型こじらせ女子」でした。

LINEの返信が来ないからと夜中に何十回も彼の携帯に電話したり、友達にわざと私の彼を誘惑してもらい彼の愛を確かめたり、SNSのログイン時間を確認して「なんで起きているのに返信をくれないの？」と送ったり。それなのに、たくさんの愛情を求めて9股をかけたりと、暴走は止まりませんでした。

ですから、これまでに出会ってきたどんな女性よりも一番、「依存型こじらせ女子」

であると自負しています（笑）。

一方で、なぜそんな手強い〝こじらせ〟をつくり出す思考パターンは、気づくだけでよいのか、消し去る必要はなくてよいのでしょうか。

それは、一度その存在に気づくことで、暴走しそうな自分を察知できるようになるから。すると、これまでとは違う選択肢を取れるようになるのです。

また、〝こじらせ〟の思考パターンは、人生の途中でつくられたもの。

実は、その思考パターンによって、本来のあなたが持っている魅力や能力が隠されてしまっています。これも、思考パターンの存在に気づくことで、徐々に姿を現すようになるのです。

私は一度、離婚の経験がありますが、その原因の一つは、不安や寂しさの感情の暴走に起因しています。言いたいことを我慢しては爆発し、ケンカが絶えず関係は冷え切っていきました。

離婚後、このままではいけないと、なぜ私はこんなにも激しい感情に振り回されるのか、自らと向き合うことをはじめました。

すると、私の中に「本当の私を愛してくれる人はいない」という思い込みが隠れており、それが不安をつくり出す思考パターンになっていると気づいたのです。

もちろん、気づいた瞬間から、すべてが変わったわけではなく、今でも時々そのような思考パターンが顔を出します。

でも、それに気づいてからのお付き合いでは、「私のこじらせの思考パターンが暴走しようとしている」と気づいて、自分にストップをかけられるようになったのです。

また、私が主宰する講座の生徒さんのお話です。

彼の愛に不安を感じ、苦しんでいた彼女。「毎日のようにLINEを連投」。「どうでもいい人から好かれ、好きな人に好かれない」「寂しさを抑えられず重いと嫌がられる」など、典型的な依存型こじらせ女子でした。

でもそんな彼女も、自分の中の思考パターンに徐々に気づき、さらに、思い込みの書き換えをすることで、自然と男性からのアプローチが増えて、これまでの「選ばれる側」から、「選ぶ側」になり、自分を愛してくれる男性を選べるようになりました。

今では、心から愛し合える男性との結婚が決まり、仕事も順調に回りはじめています。

私は、恋愛に依存してしまう女性は、大きな可能性を秘めていると確信しています。〝恋愛に依存する〟ということは、それだけ大きなエネルギーを恋愛に使っているとも言えるからです。

そのこじらせに使っているエネルギーを、あなたが求めるものに正しく使えば、これまでにないほど愛してくれる彼と、思ってもみなかった幸せが手に入るはずです。

本書を読んで、あなたの中の思考パターンに気づいた後、あなたは大好きな人との幸せな恋愛へ大きく近づくことになります。

ですから、数時間後の自分を楽しみに、これから本文を読み進めてみてくださいね。

鶴岡りさ

「依存型こじらせ女子」だった私が、彼から溺愛される女になれた方法　目次

はじめに
「こじらせ」には、正しい使い方がある♡

序章
本当の私で愛されない〝苦しい恋愛〟になるのは、なぜ？

なぜ私の恋愛は、いつもうまくいかないの？①
あなたも彼も幸せになれる〝新しい時代のパートナーシップ〟 18

なぜ私の恋愛は、いつもうまくいかないの？②
「依存型こじらせ女子」ほど、彼も自分も幸せにできる♡ 20

なぜ私の恋愛は、いつもうまくいかないの？③
〝本当の自分〟なら可能性は無限大 22

なぜ私の恋愛は、いつもうまくいかないの？④
10点の私も認めてあげる 24

なぜ私の恋愛は、いつもうまくいかないの？⑤
「100％君が好き」に燃えない理由 26

なぜ私の恋愛は、いつもうまくいかないの？⑥
事実に対してネガティブな解釈をしている 28

なぜ私の恋愛は、いつもうまくいかないの？⑦
自分の〝不足感〟を男性に埋めてもらいたい 30

なぜ私の恋愛は、いつもうまくいかないの？⑧
広い視野で物事を見てみよう 32

なぜ私の恋愛は、いつもうまくいかないの？⑨
私の中に〝暴走する寂しさと不安〟の元がある 34

1章
男ゴコロがわかると、二人の未来に自信が持てる「かわいい子犬理論」

38 Part 1 なんで彼はこんなことをするの!? 不器用な男性の愛情表現①
「好きって言わない」が誠実の証

40 Part 1 なんで彼はこんなことをするの!? 不器用な男性の愛情表現②
仕事に集中する! はあなたへのプレゼント

42 Part 1 なんで彼はこんなことをするの!? 不器用な男性の愛情表現③
「一回やれば、もうOKだよね?」思考

44 Part 1 なんで彼はこんなことをするの!? 不器用な男性の愛情表現④
ダメ出しは愛ゆえの行動

48 Part 2 あなたの愛情表現、彼の目にはこんな風に映っているかも…①
「全部、やってあげちゃう♡」

50 Part 2 あなたの愛情表現、彼の目にはこんな風に映っているかも…②
「忙しいあなたのために、スケジュール合わせるね♪」

52 Part 2 あなたの愛情表現、彼の目にはこんな風に映っているかも…③
女性が望むものと、男性が望むものの違い

54 Part 2 あなたの愛情表現、彼の目にはこんな風に映っているかも…④
「私の気持ち察してほしいから、あなたの気持ちも察してあげる」

56 Part 2 あなたの愛情表現、彼の目にはこんな風に映っているかも…⑤
「男性って〝思いやりのある女性〟が好きなんだよね?」

58 Part 2 あなたの愛情表現、彼の目にはこんな風に映っているかも…⑥
「なんで?」「いつするの?」

60 Part 3 男性がよろこぶ愛情表現のしかた①
彼の幸せが何か知っていますか?

62 Part 3 男性がよろこぶ愛情表現のしかた②
〝感謝〟は男性がよろこぶ最高の愛情表現

64 Part 3 男性がよろこぶ愛情表現のしかた③
ニックネームをつける

65 Part 3 男性がよろこぶ愛情表現のしかた④ 甘えさせてあげる
66 Part 3 男性がよろこぶ愛情表現のしかた⑤ 無邪気さを感じさせる
67 Part 3 男性がよろこぶ愛情表現のしかた⑥ カフェ代を支払う
68 Part 3 男性がよろこぶ愛情表現のしかた⑦ 二人遊び
70 Part 3 男性がよろこぶ愛情表現のしかた⑧ 交換記念日ノート
72 Part 3 男性がよろこぶ愛情表現のしかた⑨ 彼に似ているものをプレゼント
74 Part 3 男性がよろこぶ愛情表現のしかた⑩ 彼のことを具体的に褒める
76 Part 3 男性がよろこぶ愛情表現のしかた⑪ お菓子にメッセージを書いて渡す
79 Part 3 男性がよろこぶ愛情表現のしかた⑫ 二人の間では年齢を気にしない

2章 既読スルーに振り回されない！ 彼の愛がもっと増える「愛されLINEメソッド」

82 男性がもらってうれしいLINE① ハートマーク♡
84 男性がもらってうれしいLINE② 出勤前、仕事終わりのLINE
86 男性がもらってうれしいLINE③ 男の絵文字は使わず、ゆるかわスタンプを使う

男性がもらってうれしいLINE④
ペットのおもしろ動画を送る 88
関係を深めるLINEで「波長が合う人だな」と思わせる①
彼のリズムを知って運命を感じさせる 90
関係を深めるLINEで「波長が合う人だな」と思わせる②
文章量と送る間隔は彼に合わせる 92
彼が思わず返信したくなるLINEには、これがある①
ざっくりLINEはNG 94
彼が思わず返信したくなるLINEには、これがある②
感情表現を意識する 95
お付き合い中のLINEあるある問題①
彼からの返信が遅い、頻度が減った 98
お付き合い中のLINEあるある問題②
LINEで1日のことを教えてほしい 100
お付き合い中のLINEあるある問題③
スタンプを使わない男性の心理 102
自爆LINE①
自爆LINEを送ってしまう原因 103
自爆LINE②
自分の中の寂しさや不安が自爆LINEの元 105
自爆LINE③
自爆LINEを送る私をコントロールする 107
自爆LINE④
心の奥深くにある〝理由〟に気づこう 109
付き合う前にLINEがこなくなってしまったら 111

3章
冷たくなった彼の心に、もう一度火をつける「フラットシップ」

114 彼の気持ちが冷めてしまった原因はなに？
116 彼の愛を取り戻す方法
120 彼の気持ちを取り戻したいと思う本当の理由① 寂しいだけが復縁の理由になっている
122 彼の気持ちを取り戻したいと思う本当の理由② 怒りや悲しみを消化させるため
124 彼の気持ちを取り戻したいと思う本当の理由③ 彼が私の〝唯一〟という思い込み
126 彼への思いを見つめてみるワーク
128 〝フラットな新しいパートナーシップ〟ではじめからやり直す
130 自分が下だと決めつけない
132 決めれば、この瞬間から変えられる
134 「意識を自分に向ける練習」で、新しい自分をつくる

4章
不安や寂しさが、感謝と幸福感に変わる「LOVEノート」

138 〝素晴らしい私〟を私が知らない!? まずは魅力あふれる私を知ろう♡
144 本当に「どうせ愛されない」!? 見えていなかった〝過去の恋愛〟

こじらせ恋愛パターンを書き換える 150

5章 永遠に愛され二人の人生のステージが上昇する「オンリーワン&ナンバーワンの魔法」

競わないパートナーシップ①
彼との関係に「競争」を持ち込まない 156
競わないパートナーシップ②
共同創造のパートナーシップ 158
競わないパートナーシップ③
二人で一つのパートナーシップ 160
競わないパートナーシップ④
マイナス面も、「二人で一つ」で受け入れる 162
男性性のスイッチを切り替える 164
女性が女性性を、男性が男性性を取り戻す方法 166
男性があなたを大切にしたくなる「女性らしさ」 168
オンリーワン&ナンバーワンを伝え続ける 170
彼が弱っているときこそオンリーワン&ナンバーワンが大切 172
〝ナンバーワン〟〝オンリーワン〟だけではダメな理由 174
彼の弱さを受け入れる 176
自分の弱さを受け入れる 178
彼よりも彼の可能性を信じる 180
最高の幸せを手に入れる鍵は女性の〇〇にある 182

184 彼の価値観を理解し、違いを許す
186 女性が〝彼のお母さん〟になってしまう理由
188 二人の〝最高の夢〟を共有する

おわりに
今ある恋愛の苦しみは、
未来の〝最高の幸せ〟の種

カバー写真提供　123RF
著者写真撮影　BOCO
ヘア&メイク　工藤由佳（Un ami）
編集協力　秋元秀太
DTP　一企画

序章

本当の私で愛されない
“苦しい恋愛”に
なるのは、なぜ？

なぜ私の恋愛は、いつもうまくいかないの？①

あなたも彼も幸せになれる〝新しい時代のパートナーシップ〟

これまでの多くの恋愛本では、駆け引きをし、男性に追いかけさせて彼を手に入れることが大切だと言われてきました。

でも、そのスタイルは今の時代の恋愛には合わなくなってきています。

マッチングアプリの普及やＬＩＮＥなどの通信手段の変化、ＳＮＳなどの広がりによって、出会いと男女の関係性の変化にスピード感が出てきたからです。

一昔前には、「同時に何人もの人とやりとりすること」や、「見知らぬ人とのデートをすぐに取り付けること」は、ごく一部の人にしかできないものでした。でも今は、たくさんの人ができるようになっています。

つまり、〝会おうと思えばいくらでも出会える時代〟になったのです。

そんな中で、追いかけさせるための駆け引きをしていれば、少し連絡が来ない間に、男性はすぐに他の女性のところへ行ってしまうでしょう。

しかも、今は女性と遊ばなくても、他に娯楽がたくさんあります。ですから、女性を落とすことや追いかけることに、時間やお金を投資しない男性が増えていますし、面倒くさいとすら思う人もいるのです。

だからこそ、**今の男性と幸せな恋愛・結婚をするためには、これまでの恋愛テクニックとは違う方法が必要**です。

それが、本書でご紹介する、**新しい時代のパートナーシップ**です。

これを実践することで、彼とのコミュニケーションでのボタンの掛け違いを取り払い、あなたの心の奥にいる「すぐに不安や寂しさを感じ、男性からの愛を強烈に求めてしまう〝私〟」を癒やすことができ、あなたも彼も幸せになれる。

そんな、理想の未来へ進む切符が手に入るはずです。

POINT

新しい時代のパートナーシップに駆け引きはイラナイ！

なぜ私の恋愛は、いつもうまくいかないの？②

「依存型こじらせ女子」ほど、彼も自分も幸せにできる♡

実は、すぐに不安になったり、感情を暴走させたりする思考パターンは、それが**「自分の中にある」と気づくだけで変化しはじめるので、彼との幸せな関係に大きく近づくことができます。**

私がいつも恋愛に執着し、恋愛に振り回されていた頃は、私を愛してくれないような男性ばかりを好きになり、その人を落とすことに執着していました。そして、付き合ってからも連絡がほんの少し遅れるだけで「私に幻滅したんじゃないか」と不安を感じていました……。

当時の私は、テクニックを駆使して男性を手に入れながらも、

「本当の私じゃ愛されない」

「私は大好きな人には好きになってもらえない。それが自分なんだ」

と思っていました。

しかし、20代前半の離婚をきっかけに、自分と向き合うことによって、幸せになれない恋愛は、自分の中にあるものが引き起こしていると気づきました。

この原因に気づきはじめてからは、すぐ不安になったり、恋愛感情に振り回されたりする一歩手前で、**「あ、今、私の中の〝こじらせ〟が暴走しようとしてる」**と気づくようになり、**これまでとは違う選択ができるようになった**のです。

これを繰り返すことで、だんだん自分の中の「私は恋愛に振り回される女」「私はこじらせ女子」というイメージが変わっていきました。

そうしていつの間にか、彼や恋愛に翻弄されていた頃の私とは、まったく違う〝私〟になっていたのです。

POINT

〝こじらせ〟も〝幸せ〟も自分の中にある

なぜ私の恋愛は、いつもうまくいかないの？③

〝本当の自分〟なら可能生は無限大

ある生徒さんに、容姿に自信がなく、自分には存在価値がないと思っていた方がいました。プライベートで男性と話した経験が少なく、話そうとしても、どもってしまうそうでした。でも、カウンセリングを通して、

「自分の幸せを一番に考えていいんだ」

「男性に好かれるためじゃなく、私が幸せになるために恋愛をしよう」

と思えるようになり、男性と話すこともままならなかった彼女が、たくさんの失敗を重ねながらも、男性に多くのアプローチができるようになったのです。

なぜなら、**〝本当の自分〟を覆っていた〝こじれた部分〟が、癒やしによって昇華されたから**です。

彼女は、最終的に、その「芯の強さ」を好きになってくれた男性と結婚すること

ができました。

あなたの「ありのままの姿」が「今のあなたの姿」とは限りません。

この生徒さんのように、今の〝なかなか幸せになれない私〟を癒やしてあげることで、元々持っていた「その人の本来の魅力と能力」が、顔を出すようになります。

こうして本当の自分を取り戻せると、今まで恋愛で消耗していたエネルギーをさまざまなことに使えるようになり、人生がどんどん進みはじめます。

自分の中に〝こじらせ〟を持っている人は、恋愛で大量のエネルギーを消耗しています。つまり、**〝こじらせ〟を癒やすことができれば、それだけ使えるエネルギーが増える**ということ。**エネルギーの使い方次第で、ものすごい力を発揮できる**ようになるのです。

POINT

恋愛で悩む女性こそ輝くエネルギーを秘めている

なぜ私の恋愛は、いつもうまくいかないの？④

10点の私も認めてあげる

「いつも苦しい恋愛になってしまう」

「ちゃんと愛してくれない人を好きになってしまう」

そんな恋愛を繰り返してしまうのは、多く場合、**子ども時代の親子関係や過去の恋愛に原因があります。**

親から〝**無条件の愛**〟ではなく、「いい子にしていると愛される」「頑張って結果を出せば褒めてもらえる」などの〝**条件付きの愛**〟ばかりを受け取り続ける。すると、大人になってからも無意識に、**「頑張らないと愛されない」という思い込みに縛られてしまうのです。**

たとえば、彼氏に、自分よりもかわいい人を好きになったからとふられたり、ダメなところを指摘されてふられたりすると、「かわいくなければ愛されない」「100

%彼の望み通りにならなければいけない」と考えてしまうことがあります。そして、「もっとかわいくならなきゃ」「100%の女にならなきゃ」と思います。

しかし、**他人と比べるとキリがなく、好みも人それぞれ違うので、満点を取ることはできません。**すると、ずっと頑張らなければいけなくなります。そして、**「恋愛＝頑張ること」になり、恋愛が苦しいものになってしまう**のです。

ちょっと「いいな」と思う男性やパートナーの気持ちが、100%こちらを向いていないと、頑張るスイッチが入ってしまい「もっと頑張って彼の気持ちをこっちに向かせなきゃ」と、必死になってしまいます。

そして、**彼の気持ちが100%こちらを向くまでは、満足できません。**

たとえ、自分の方を95%向いていても、100%（100点）を取ることが目的になっているので、不足している5%の方ばかりを気にするあまり、「まだダメだ」と自分を追い込んでしまうのです。

POINT

足りない10点よりも、今ある10点に目を向けよう

なぜ私の恋愛は、いつもうまくいかないの？⑤

「100％君が好き」に燃えない理由

頑張ってしまう女性にとって、「ＬＩＮＥがなかなか返ってこない」状態は、１００点ではありません。

ですから、返信が返ってくるように、何度もＬＩＮＥを送ったり、電話をしたりという**「こじらせ行動」**に繋がります。

また、連絡がもらえない自分（１００点が取れない自分）に、**嫌悪感や無能感、無価値感**を抱き、「こんな私はイヤだ」「私はダメな女」「どうせ、愛されないんだ」などと、自分を責め、否定してしまいます。

一方で、最初から男性の気持ちが１００％自分の方を向いている場合、１００点を取るという情熱が満たされることになります。
そのため、そのような男性には、なんだか燃えず、恋愛対象外となり、常に自分が追いかける恋愛をしてしまうのです。

自分を大好きだと言ってくれる人や、常に優しくしてくれる人に恋愛感情が持てない人の心の奥には、「頑張らないと愛されない」という思い込みがあるのです。

「手に入らないものを求めること」が〝恋愛〟だと思っているので、自分の頑張りがないまま、手に入ってしまうと恋愛として認識できません。

POINT

〝恋愛は頑張るもの〟という思い込みを捨てよう

なぜ私の恋愛は、いつもうまくいかないの？⑥

事実に対してネガティブな解釈をしている

苦しい恋愛になってしまう女性のパターンは、「それって愛されているでしょ」と思える彼の言動を、**「私はどうせ愛されないんだ」とネガティブな解釈をしてしまう**、というものもあります。

たとえば彼から、「仕事終わったよ！　お疲れ様!!」とLINEがきたとします。仕事が終わったことをわざわざ連絡しており、「お疲れ様」と彼女を思いやる一言もあって、彼の愛が充分に伝わってくる言動と言えます。

しかし、ここでネガティブな思い込みのある女性は、「はじめの頃はスタンプがあったのに最近はスタンプがない」→「好きな気持ちが減ったのかな？　私、何かしたのかな？」などと解釈してしまいます。

これまでに相談に乗った女性にも、「電話はくれるけど、ＬＩＮＥをくれない」など、**「自分が愛情を感じやすいカタチ」ではないことで、愛されていないと思ってしまう**人がたくさんいました。そして、そんな人は、**自分の常識に当てはまらない彼の言動に対し、「ネガティブな解釈をする癖」があるのです。**

「仕事終わりに連絡がきた」「スタンプがない」は〝**事実**〟です。それに対して「スタンプがないと愛されていない」というのは〝**解釈**〟です。

マイナスの解釈ばかりをして、「ない」方にフォーカスしてしまうと、恋愛は苦しいものになってしまいます。

あなたの恋愛・結婚が幸せなものになるかどうかは、あなたの**解釈が決めています。**事実は一つでも、解釈は無限大。ですから、**事実に対してポジティブな解釈をするように心がければ、あなたの恋愛は、少しずつ楽になっていきます。**

POINT

解釈次第でうまくいく恋もある！

なぜ私の恋愛は、いつもうまくいかないの？⑦

自分の〝不足感〟を男性に埋めてもらいたい

「愛されていると感じられれば安心できる。でも、彼が愛してくれなければ、私には価値がなくなってしまう気がする……」

彼からの愛情に極端に執着したり、彼との繋がりを感じられないとものすごく不安になったりするのは、**「愛情がもらえない＝自分には価値がない」**と思い込んでいるから。**〝依存型こじらせ女子〟は、自分の存在価値を確かめるために、恋愛をしています。**

自分の存在価値が、**「相手の存在ありき」になってしまう人は、恋愛以外の部分に、満たされないものを抱えています。**

「仕事がうまくいかない」

「自分に自信がない」

「家族関係がよくない」
「お金がない」

など、**何かしらの問題を抱えていて、その部分を恋愛で埋めようと、恋愛に依存している**のです。

私が極度の恋愛依存状態にあったときには、恋愛をしていないと不安で、男性とお付き合いをしても「彼、彼、彼」と彼中心の思考回路になっていました。

当時は起業したいという夢を持ちながらも、実際に起業する自信はなく、モヤモヤした気持ちを抱えて会社員として働いていました。

そのため私は、起業や、会社を経営している男性ばかりに恋してしまうようになっていました。

自分の〝不足感〟を男性に埋めてもらおうとしていたのです。

POINT

自分が叶えたいものを彼に求めない！　自分の夢は自分で叶えよう

なぜ私の恋愛は、いつもうまくいかないの？⑧

広い視野で物事を見てみよう

苦しい恋愛を繰り返しているとき、**あなたは物事を見る視野が狭くなっている可能性があります。**

これは特に、忘れられない彼と寄りを戻したいと思っている場合に、よく起こります。彼にしか目がいかず、彼に復縁を申し込んだけど断られ、それでも諦められずにずっと彼を追い続ける。

恋愛で悩む多くの女性にありがちなパターンです。

「彼以上にステキな男性はいない」という狭い視野がそうさせています。

一つの視点や一つの価値観だけで物事を見ていると、どうしてもそれだけがすべてになってしまいます。すると、復縁に限らず、お付き合いしている関係、人間関係全般においても、うまくいかなくなることが多いのです。

あなたと彼の〝当たり前〟の違いによってすれ違っているのに、自分の価値観でしか物事が見られず、「あの人はおかしい！」「ひどい！」という状態だと苦しくなってしまいます。

そんなときは、**一度誰かになったつもりで、客観的になってみることが大切**です。


生徒さんに、「彼にまたやりなおしたいと伝えたけれど、断られてしまいました。もう絶望しかありません」とおっしゃる方がいたのですが、実は彼女、一つ前の恋愛でも「彼から振られてもう絶望です」と言っていました。

そこで、「前にも別の男性のことで、同じことを言っていましたよ。でも、またちゃんと好きな人ができましたね♡」とお話しすると「あ、本当ですね♪」と気づき視野が広くなり、すぐに前を向けるようになっていました。

POINT

視野が広がると、幸せが見つかる♡

なぜ私の恋愛は、いつもうまくいかないの？⑨

私の中に〝暴走する寂しさと不安〟の元がある

恋愛において、寂しくなることや、不安になることは誰にでもあります。

しかし、大抵の場合は、少し時間が経ったり、別のことをしたりすると落ち着くものです。

ですが時として、その寂しさや不安が、必要以上に大きくなることがあります。

それによって、返ってきていないＬＩＮＥに何通も連投して、夜中に鬼電したり、彼のＳＮＳのログイン時間をチェックして「ＳＮＳはログインしているのに返信はしてくれないんだね」と連絡したりなど、明らかな暴走がはじまってしまうことがあります（これはすべて私がやったことです　笑）。

この〝**寂しさと不安の暴走**〟を引き起こしているものはなんでしょう？

彼が連絡をくれないことでしょうか?
彼がなかなか会ってくれないことでしょうか?
確かにそれらによって寂しさや不安を感じることはあります。
ですが、その**寂しさや不安を暴走させてしまっている原因は、彼だけではなく、自分の中にもあるのです。**

自分の中で、連絡がないことや会えないことによって「今彼は浮気しているのかもしれない。だから連絡も返してくれないんだ。会う時間が減ったのも、私のことを好きじゃなくなったからだろう」と勝手な「妄想」をしているのです。

その**「妄想」が「暴走」を引き起こしている**のです。

現実ではない悪い妄想が寂しさや不安を増大させ、暴走を引き起こします。
暴走してしまいそうになっているときは、彼に原因があるのではなく、**自分の妄想が引き起こしていると考えてみましょう。**

POINT

自分次第で妄想はコントロールできる

1章

男ゴコロがわかると、二人の未来に自信が持てる「かわいい子犬理論」

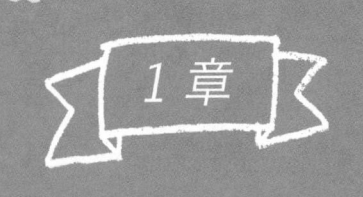

Part 1

なんで彼はこんなことをするの⁉　不器用な男性の愛情表現①

「好きって言わない」が誠実の証

女性が彼の愛情に不安を持ってしまうのは、〝こじらせ〟部分に起因することが多いですが、一方で、女性には理解しがたい「男性の女性に対する愛情表現」が理由の場合も、確かにあります。男性特有の思考や性質を、私はよくワンちゃんにたとえてお話ししています（男性の取り扱い方は、ワンちゃんのしつけにとても似ているからです）。ワンちゃんの習性を知らない人は、尻尾を振るワンちゃんを見ても、愛情や喜びの表現かどうかわかりませんよね。ですから本章では、男性にとっての「尻尾を振る」ことがどんなことなのかを見ていきましょう。

まず、彼が「好き」だと言わないのは、あなたを好きじゃないからではありません。**男性は「言わなくてもわかるだろう」と思っている**ものです。

お付き合いがはじまると、男性は無意識に「好きなんて言わなくても伝わっている」と思います。「付き合っているんだから好きなのは当たり前」なのです。

逆に、あえて好きだと言うことで、「やましいことがあると勘違いされたくない」という男性も多いのです。

でも、女性は、「好きって言うほどの魅力がないんだ」「他に好きな人がいるんじゃないか」と、**自分に原因がある**と思っています。そんなとき、**好きと言葉で言ってほしいこと、それが私にとってどんないいことがあるかを、彼に説明しましょう。**

「え……、そんなことをしたら重い女だと思われるんじゃない?」

とあなたは思うでしょうか。序章でもお話ししましたが、それって杞憂です。その考え方は、これまでの古い恋愛ルール。特に、付き合った後に、ゲームのような駆け引きをしていると、今の男性は面倒に感じます。**あなたが幸せを感じられるコミュニケーションを、彼に教えること。それが、本当に幸せになる方法**です。

POINT
まずは「好きって言われるとうれしい」と伝えてみよう

Part 1

なんで彼はこんなことをするの!?　不器用な男性の愛情表現②

仕事に集中する！　はあなたへのプレゼント

「仕事ばっかりして私にかまってくれない」

「デートの時間を取ってくれない」

「連絡をくれない」

そうやって日々悩み、悲しんでいませんか？

実は、**彼にとって「仕事をすること」は、あなたへのプレゼント**なのです。


彼はデートで支払いを多く出したり、全部ご馳走してくれようとしたりしませんか？　**男性があなたとのデートで多めに支払うお会計は、あなたへのプレゼントです。**あなたをよろこばせようとしてやっていること。

もちろん、いい格好をしたいという気持ちからのこともありますが、それも、あなたによく思ってもらいたいからです。

そして、その彼のお金は、仕事を頑張ったからこそ得ているもの。

男性は、好きな女性をよろこばせるために、頑張りたい。

それなのに、仕事がうまくいかなければ、あなたとのデート代も、ご飯代も出してあげられなくなってしまいます。だからこそ、仕事に集中するのです。

特に結婚を考えている男性ほど、安定した収入を得て、未来の妻となるあなたを幸せにしたいと、仕事に励みます。


たくさんデートするよりもたくさん仕事をして、デートのときにあなたをよろこばせたい。

男性にとって、たくさん仕事をすることは、あなたへのプレゼントなのです。

POINT

彼が仕事をするのは愛情表現の一つ

Part 1

なんで彼はこんなことをするの!? 不器用な男性の愛情表現③

「一回やれば、もうOKだよね?」思考

男性と女性の感覚の違いで最も大きいのは、ここかもしれません。

「この前、彼女の誕生日に1日かけてデートして色々サプライズして、めっちゃ頑張って**ポイントを貯めたんだ。**それなのにさ、次の日朝一でトイレに行って便座を下げ忘れたら、めっちゃ怒られてさ！　はぁ？　って思ったよ！　あんなに頑張ってサプライズしてあげたの忘れたのかよって！」

この男性が言っているポイントというのは、二人で決めているものではなく、目に見えない、いわゆる愛情ポイントみたいなものです。

この愛情ポイントについての価値観が、男女では大きく違っているのです。

まず**男性の考える愛情ポイントとは、「貯めて使える」もの**です。

サプライズのような大きなことをすれば１００ポイント、彼女を迎えに行くのは10ポイントのように、やってあげたことの大小で愛情ポイントが決まります。

ですから、**何か大きなことを1回やってあげれば、しばらくはそのポイントを使えるため、何もしなくていいと考えるのです。**

しかし、女性にとっては、どんなことをしてくれても、どれも1ポイントだし、毎日リセットされるものなので、日常の小さなミスと前日のサプライズのことは関係ないと考えますよね。

この感覚の違いが喧嘩の元になるのです。

男性がその感覚を持っていると理解して、やってほしいことを彼に伝えましょう。

そして、彼がやってくれたら、よろこんだり感謝したりすることで、一回だけでなく、何度でも必要なんだと彼に伝えていきましょう。

POINT

愛情を与える快感を彼に感じさせよう

ダメ出しは愛ゆえの行動

ただ聞いて欲しくて男性に相談事をしたのに、いらないアドバイスをされてカチンときたことはありませんか？

女「今日仕事で、上司から仕事が遅いって言われたんだよね」
男「そうなんだ。じゃあ、先にやる仕事をリストアップして、付箋に貼って、一つずつやるようにしたらいいんじゃない？」
女「それはそうかもしれないけどさ！　私だって頑張ってるし」
男「そっかぁ。じゃあ◯◯ちゃんは頑張ってるけど、その上司にとってはまだまだって感じだったんじゃないかな？」
女「はぁ、もうホントあなたって何もわかってくれない！　私の話聞いてよ！」

男「え⁉ 聞いてるじゃん！ なんで怒るの？ 意味わかんないよ！」

とてもありがちなパターンですね。私たち女性からすると、何もわかってくれていないとイライラする対応ですが、**男性にとっては真剣に向き合って、ちゃんと愛情表現をしているつもり**です。

男性は**アドバイスによって「彼女を助けたい！」と、頑張っています。**

そして、「仕事が遅い」と言ってきた人の感覚と彼女の感覚のズレを冷静に分析し、「そこにズレがあっただけだから、気にしなくてもいいのでは？」という気づきを与え、彼女の悩みを解決してあげようとしているのです。

しかし女性は、アドバイスよりも共感してもらえる方が愛情を感じるので、「私の話聞いてよ！（＝私に共感してよ！）」と捉えます。

なぜこのような違いが生じるのかと言うと、男性が他人に悩みを相談する場合は、明確な解決方法が欲しいときだからです。

ですから、悩み事を相談されたと感じると「何か解決方法を教えなきゃ」と、一生懸命アドバイスをするのです。

先ほどの会話の男女それぞれの理想の着地点は次のようになります。

［女性の理想］

女「今日仕事で、上司から仕事が遅いって言われたんだよね」

男「そうなんだ。仕事が遅いって言われたら悲しいよね」

女「そうなの、悲しかった。頑張ってるのにさ」

男「〇〇ちゃん一生懸命やってるもんね。頑張ったね」

女「わかってくれてありがとう。やっぱり〇〇くんに相談してよかった♡」

［男性の理想］

女「今日仕事で、上司から仕事が遅いって言われたんだよね」

男「そうなんだ。じゃあ、先にやる仕事リストアップして、付箋に貼って、一つずつやるようにしたらいいんじゃない？」

女「わー！　そっか！　そういう風にすれば仕事が整理できて早くできそう！　やっぱり〇〇くんってすごいね！　相談してよかった♡　ありがとう（チュッ）」

このように、男女で恐ろしいほど違います。

だからといって「男だからしょうがない」と、アドバイスを受け入れていると、辛くなってしまいますよね。そんなときは、あなたが話しはじめるまえに、彼にどうして欲しいかを伝えることが大切です。

「今日はただ聞いて欲しいんだけど、話聞いてくれる？」「アドバイスしてくれてありがとう。でもね、私は『そうか、大変だったね』って聞いてくれるともっとうれしい」とあなたのニーズを伝えてあげましょう。

POINT

聞いてもらえるだけで幸せだと彼に伝えよう

Part 2 あなたの愛情表現、彼の目にはこんな風に映っているかも…①

「全部、やってあげちゃう♡」

まず、男性にとって、**女性に尽くされることは、良くて〝便利〟くらいのものでしかありません。**

大抵の女性の場合、全部やってあげたくなる心理には、**「もっと愛されたい」「何もしないと（価値がないから）彼が離れて行っちゃう」という思い込みが隠れています。**でもこの行動によって、**あなたのことをより好きになることはありません。**

逆に、自分への自信のなさや、これによって愛されたいという（ある意味）交換条件のような行動は、男性にとって負担になりがちなのです。

この「尽くすとNG」は、恋愛書ではよく言われていることですよね。

ですが、**次のような男性には、尽くすことが有効です。**

それは、男性性バリバリの、「仕事が生きがいで、家庭的な女性が好き」というようなタイプです。注意をしなければならないのは、これに加えて、あなたが家事が大好きな女性で、誰に褒められずとも、家事をしていることで幸せを感じる女性であることが条件です。「彼の役に立つからやりたい」のではありません。

いつだって最も大切にしてほしいことは、「自分はどうありたいか」ということ。

あなた自身は料理や洗濯が苦手で、むしろ仕事にも力を入れたいと思っているのに、「好きになった相手が家庭的な女性を求めているから」と、本当はやりたくない家事に力を注ぎ、思うように仕事ができないなど無理していると、いずれあなた自身のエネルギーが枯渇して、耐えられなくなってしまいます。

全部やってあげたところで彼からの愛情が変わらないとしたら、それでもあなたはやってあげたいですか?

POINT

一度、自分の本音に耳を傾けてみて♡

Part 2 あなたの愛情表現、彼の目にはこんな風に映っているかも…②

「忙しいあなたのために、スケジュール合わせるね♪」

「あなたのことが好きだから、先約をキャンセルして合わせるよ♪」ということですが、男性はこれを、とても〝重い〟と感じます。

私も20歳くらいの頃、彼から「今日会える?」と連絡が来ると友達との予定やネイルの予定をキャンセルし、彼の予定に合わせてデートしていました。

これは依存状態で、彼からすると重く感じられ、なんでも言う通りにする女性はおもしろみがなくなってくるのです。

男性が重いと感じるのには、さまざまな要因があります。

まず、頼んでもいないのに無理してスケジュールを合わせられると、**男性は「自分は彼女を待たせてしまっている」という罪悪感**を持ってしまいます。

この罪悪感が、重さになる一つの要因です。

また、「自分もなんとか予定を合わせなければいけない」と、男性に義務感も芽生えます。本来、彼女と会うことは楽しいことのはずなのに、やりたいからやるのではなく、やらなければならないことになり、気持ちが進まなくなります。

さらには、彼女から強制されているようにも感じてしまい、**罪悪感・義務感・強制感のトリプルで、男性に重さを感じさせる**のです。

POINT

自分の予定より彼を優先しても彼はよろこばない

Part 2 あなたの愛情表現、彼の目にはこんな風に映っているかも…③

女性が望むものと、男性が望むものの違い

自分はわざわざ予定をキャンセルしてデートしているのに、彼は何だか楽しくなさそうだったり、彼は自分の予定を優先して、自分ばかり彼に合わせていたりすると、「私がせっかく予定をキャンセルしてまで会いに来ているのに、その態度は何なの！」と相手に怒りを感じてしまうこともあります。

私もよくこれで、これまでの彼と喧嘩していました。

当時の彼から言われたのは、**「わざわざ予定をキャンセルする必要はないよ。そんなこと頼んでいない」**です。

女性は、自分を一番に選んでほしい生き物ですから、「忙しいけど君にスケジュ

ールを合わせるね」と言われると**特別感があって幸せを感じます。**

それと同じ感覚で、彼がよろこんでくれると思ってしまいます。

でも、男性はそれを愛情だとは感じません。

自分の予定が入っているのであれば、**「お互いが無理せず会える日に会おう」**というスタンスの方が、男性も心地良く感じます。

そうすると、待たせている罪悪感も、会わなければいけないという義務感、そして強制感もなく会うことができるのです。

POINT

無理に予定を合わせなくても大丈夫（愛される）

Part 2
あなたの愛情表現、彼の目にはこんな風に映っているかも…④

「私の気持ち察してほしいから、あなたの気持ちも察してあげる」

女性は察してほしい生き物です。

「何も言わなくても望んでいることを察してほしい」「私のことを愛しているなら、私の気持ちをわかろうとしてくれるはずだ」と考えます。

ですから、彼を好きであればあるほど、（自分がしてもらえるとうれしいので）彼の気持ちを察しようとして、「怒ってるの？」「嫌なことでもあった？」と声を掛けたり、何を望んでいるかを察知し、先回りして行動してしまいます。

しかし、これは男性にとって「余計なこと」でしかありません。

「怒っている」「嫌なことがあった」などの**ネガティブな要素は、それが事実であるほど、男性は気づかれたくないもの。**

なぜなら、男性は女性のヒーローでいたいので、弱いところはなるべく見せたくないからです。

「怒っているのがバレてしまった」「嫌なことがあったと悟られてしまった」ことは、男として情けないと感じることなのです。

また、**先回りして行動されることも、そんなにうれしいことではありません。**

もちろん時には仕事で疲れていることを見越して、何か元気が出るご飯を用意してくれているとか、そういった気遣いはうれしいものです。

でも、何でもかんでも先回りして行動されると、彼が自分でやろうと思っていたことまでされてしまいますから、男性の自尊心が傷つき「自分は役に立たない」というレッテルを貼られたように感じてしまうのです。

POINT
先回りしそうになったら深呼吸しよう♡

Part 2 あなたの愛情表現、彼の目にはこんな風に映っているかも…⑤

「男性って〝思いやりのある女性〟が好きなんだよね？」

男性が思いやりのある女性を好きなのは、間違いではありません。

ですが、その**〝思いやり〟の方法を勘違いしている女性がほとんど**です。

女性は〝思いやり〟を、気持ちを察してあげたり、心配してあげたり、やってあげることだと思っています。ですが、これもまた、男性にとってうれしいことではありません。**彼に、「女に心配させるダメな男」だと感じさせる〝思いやり〟は、彼の心に突き刺さる〝重い槍〟**になってしまいます。

こうしたすれ違いは、言葉に込められた思いの違いからも生まれます。

たとえば、「大丈夫」という言葉。これが男女の間で、全く逆の意味として使われています。

女性が「大丈夫」を使う場合には、「(本当は大丈夫じゃないけど) 大丈夫 (でも気づいてくれたらうれしいな)」という意味になっていることが多々あります。

しかし、男性が特に女性に対して使う「大丈夫」は、**「大丈夫 (俺一人で解決できるから、何も言わずに信じてくれ)」**という意味を持っているのです。

ですから、女性同士であれば、重ねて「本当に大丈夫?」と聞いてもらえると、気遣ってくれたことをうれしく感じます。それと同じように、男性にも「本当に大丈夫?」と、さらに質問してしまうことで、**男性は自分を信じてくれていないと感じ、不機嫌になってしまいます。**

男性は「問題を一人で解決すること」がかっこいい男・頼れる男の証明だと思っています。つまり、**男性がよろこぶ思いやりは、「彼を信じてそっとしておく」こと**なのです。

POINT

本当の思いやりは彼を放っておくこと

Part 2 あなたの愛情表現、彼の目にはこんな風に映っているかも…⑥

「なんで？」「いつするの？」

女性が単なる疑問で聞いたつもりの「なんで？」は、男性からすると「責められている」と感じるワードです。男性はプライドがあるため、責められたり否定されたりすることを嫌うので、余計にそう感じてしまいます。

「なんで？」という言葉は、小さい頃から純粋な疑問で使われるよりも、**責められる場合の言葉として使われることが多い**ことも原因の一つです。

子どもの頃、親や先生から「なんで宿題やってないの？」と言われる場合、理由を言っても「そんなの言い訳でしょ！　早く宿題やりなさい！」などと、結局怒られる結果になっていたと思います。そのため、「なんで」に対して、拒否反応を示す男性が多いのです。

たとえば、午後から高確率で雨の予報の日、待ち合わせ場所にやってきた彼は傘を持ってきていませんでした。

彼女は単純に疑問を持ち「なんで今日、傘持って来なかったの?」と聞くと、彼は不機嫌になってしまいました。彼の脳内では、「雨予報だったよね? ちゃんと天気予報見なきゃダメだよ。しっかりしてよね」に変換されているのです。

ただ、気をつけていても、純粋な疑問として「なんで」を使う場合もあります。それによって彼が不機嫌になったときは、彼の気持ちを理解する方に回りましょう。

「いつするの?」もNGワードです。これも、「宿題いつやるの?」と言われたときの感覚と似ています。**一気にやる気をなくしますし、信頼されていないという印象を受けます。**

繰り返しになりますが、男性は「信頼されること」がとても重要です。彼を信じて待つようにしましょう。

POINT

男性にとって「なんで?」は否定の言葉

Part 3

男性がよろこぶ愛情表現のしかた①

彼の幸せが何か知っていますか？

「これをすれば絶対に男性がよろこぶ！」という100％間違いない愛情表現は、残念ながらありません。もちろん、一般的な男性心理として、彼をよろこばせられる愛情表現はあります。でも、100％とは言えないのです。

Part2で間違った愛情表現の仕方を何パターンかお伝えしました。

これらに共通していることが一つあります。

それは、「彼の幸せが何か知らない」ということです。彼の幸せの定義を、全部「自分基準」で考えてしまっているのです。

まずは、〝男性〟が何によろこぶかではなく、「彼は何を幸せに思うか」を知る必要があります。

彼はどんなことに興味を持ち、どうされるとうれしいのか。彼に直接聞いたり、行動を見たりする中で、彼にとっての幸せが何かを探っていきましょう。

たとえば**彼が言われてよろこぶ言葉を探ります。**

「かっこいい」なのか「男らしい」なのか「頼れる」なのか。どれも多くの男性がよろこぶ言葉ですが、一番は人によって違います。

弱みを見せずバリバリ働く男らしい男性でも、時々「かわいい」と言われるのがうれしい人もいますし、「紳士的だね」「優しいね」という言葉がヒットする男性もいます。何が響くのかは言ってみなければわかりません。

いつも「かっこいい」ではなく、**いろんな言葉を使って男性を褒めてみましょう。**

そうやって彼が何を言われたら幸せなのかを探っていくと、彼が幸せになれるオリジナルの愛情表現ができるようになりますよ。

POINT

「彼を幸せにしよう」と思う女性が彼から「幸せにしたい」と思われる

Part 3
男性がよろこぶ愛情表現のしかた②

〝感謝〟は男性がよろこぶ最高の愛情表現

ワンちゃんは、感謝されたり褒められたりすることが大好きです。室内犬の場合、決まった場所にトイレをすると飼い主のところに寄っていきます。「すごいね、えらいね」と褒められたいからです。男性もこれと同じで、「すごい!」「かっこいい!」「ありがとう!」と言われたいから頑張るのです。

男性にとって女性からの〝感謝〟は、最高の愛情表現です。

女性は男性が何か自分のためにしてくれたときに愛情を感じますが、男性は女性のために何かをし、感謝されることで愛情を感じるのです。

彼がしてくれたこと一つひとつに「ありがとう」と感謝を伝えましょう。

簡単なように思いますが、付き合いが長くなればなるほど難しくなるのが感謝です。なぜなら、次第にやってもらうのが「当たり前」になってしまうからです。

デートの予約、ご飯をご馳走してもらうこと、お水を注いでくれること……。最初のうちは「ありがとう」が言えるのですが、それをずっと言い続けられる女性は多くありません。

男性は、そうやって自分がしてあげていることが当たり前になり、感謝されなくなると、愛情を感じられなくなって、その女性から心が離れてしまいます。

女性は「愛してる」「好きだよ」の言葉が、付き合いと共に減っていけば寂しく思いますよね。男性への感謝もそれと同じなのです。

時々、毎回感謝を伝えていると、「男性がつけあがるのでは？」という質問をもらいますが、そんなことは決してありません。もし彼の態度が悪くなったとしたら、それは感謝のせいではなく、**彼に普段からYESとNOをしっかり伝えていないことが原因**です。男性のしていることが「違うな」と思ったらしっかり伝えて、ある意味「線引き」をしてあげれば、男性がつけあがることはありません。

POINT

あなたのありがとうが彼の心の栄養剤（エネルギーの元）

Part 3

男性がよろこぶ愛情表現のしかた③

ニックネームをつける

彼とあなた、**二人だけのニックネームをつけましょう。**これも男性が愛を感じるものの一つです。

付き合うことになったタイミングで、あなたから**「彼氏と彼女になったことだし、これからなんて呼ぼうか」**と切り出してみましょう。

「たっくん」「こうたん」など甘めなニックネームもあり。名前の呼び方で関係性が変わることもあります。

男性も最初は照れたりして恥ずかしがるかもしれませんが、ほとんどの男性は内心うれしいものです。

POINT

ニックネームは二人の距離を縮める魔法のアイテム

Part 3

男性がよろこぶ愛情表現のしかた④

甘えさせてあげる

男性も甘えたい生き物であることを忘れないようにしましょう。

男性は彼女に対しては甘えたい願望が少なからずあります。自分からはなかなか言い出せない男性も多いので、彼が部屋で横になっているときなどに、さりげなく近寄って膝枕をしてあげたり、頭をナデナデしてあげたりするといいでしょう。

男性は常に「強くなければならない世界」で生きています。

ですから、彼女といるときくらいはほっとしたいのです。それを甘えさせることで叶えてあげましょう。男性は癒されることでも、女性からの愛情を感じます。

POINT

甘えたいのが男性の本音

Part 3

男性がよろこぶ愛情表現のしかた⑤

無邪気さを感じさせる

男性は女性の無邪気な（純粋な）愛情表現をうれしく感じます。

たとえばデートの待ち合わせで、彼の姿が見えたら笑顔で彼の元に小走りで近づくとか、後ろからそっと近づいて軽く驚かすなど、逆サプライズもいいですね。

部屋で会うときには、不意にぎゅーっと後ろから抱きつくのもいいでしょう。

私はこれまで付き合った男性に、よくこうしていましたが、みんなすごくうれしそうにしていました。**男性は、なんでもないときに抱きつかれると、うれしいものです。**「ただ一緒にいるだけで幸せ」ということが伝わるのです。

POINT

ピュアな愛情表現が彼をときめかせる

Part 3

男性がよろこぶ愛情表現のしかた⑥

カフェ代を支払う

これは、彼が食事をご馳走してくれた後に、カフェに行った場合です。

男性はご馳走することを当たり前だと思われるのを嫌います。

女性が「男性にはご馳走してほしい」と思うのと同じように、男性は「ご馳走することを当たり前だと思われたくない」と思っているのです。

「ありがとう。ごちそうさま」と言うだけでもいいのですが、その後にカフェやコンビニに寄ったときに「私が払うね」と彼の分も一緒に買うなどの心づかいを見せると、男性は大切にされていると感じます。

もちろん相手の男性がそれを嫌だと言った場合は、無理に出す必要はありません。

POINT

男性がご馳走するものという常識を手放そう

Part 3

男性がよろこぶ愛情表現のしかた⑦

二人遊び

二人だけの遊びをすることはは愛情表現としてとてもいいです。

たとえば私は「抱っこ」をよくしてもらいます。私がベッドの前で両手を広げたら「抱っこ」の合図です。そして抱っこしてもらったらそのままベッドに投げ飛ばしてもらいます。抱っこは甘えられている感じがするし、投げ飛ばす事で男性らしさも感じられるとてもいい遊びだと思います（自画自賛）。

また、私の知り合いカップルは「彼タクシー」ということをやっていました。

これは彼の家に遊びに行った時や彼が遊びに来た時にトイレに行きたくなったら「タクシーお願い」と言ってトイレまでおんぶしてもらうというものです。

そしてトイレが終わったらまた彼に迎えに来てもらいます。

めんどくさい女だと思われるのではないかと感じるかもしれませんが、その女性が素敵なところは、運んでもらったら**「ありがとう」と言って男性にキスをする**というところです。女性は男性に運んでもらうことで、男性は女性を運んで感謝のキスをされることでお互いに愛情を感じられるのです。

また、私は**「寝る前のインタビューごっこ」**というものをやっています。記者になったつもりで、その日1日で私の良かったところを夫に言ってもらいます。

そして、私も夫に〝取材〟してもらって、夫の良かったところを伝えます。お互いにいいところを言われて愛情を感じられる遊びです。

付き合っているカップルなら、デートの帰り道などにこれをやるといいでしょう。**手を繋いで歩きながらお互いの素敵なところを言い合う**のです。

POINT

二人遊びが二人だけの世界をつくる

Part 3

男性がよろこぶ愛情表現のしかた⑧

交換記念日ノート

私が以前彼によろこばれたのは**交換記念日ノート**です。

お付き合いをはじめてから1ヶ月ごとに、**スケッチブックに1ヶ月を振り返ってどんなところがよかったか、楽しかったかなどを交換ノート風に書いていく**のです。

彼にとっては1ヶ月に1度たくさんのメッセージで、感謝されたり褒められたりするので、すごくうれしいし楽しみだったようです。

また、彼からの記念日ノートを受け取ったときには、**最大限によろこびを表現して、ニヤつきながらそれを読んでいる**と、彼は本当に満足した様子でした。

もちろん、書くのが苦手な男性も多いと思います。

そんなときは、交換ではなくあなたからだけでもいいので、1ヶ月ごとにメッセージを彼に渡すとよろこばれます。

あなたがやっていれば、彼もいつの間にかやりはじめることもあります。

私の夫も最初は手紙なんて一切書きませんでしたが、私が定期的に手紙やメッセージを書くようにしていたら、夫も自然に記念日などに私にメッセージをくれるようになりました。

まずは、自分から〝表現する〟ことが大事です。

こちらから表現したり与えたりしていると、多くの男性は自分も表現したり与えたりするようになります。

すると、男性も少しずつそうしてよろこんでもらうことが幸せだと感じるようになってきます。

POINT

記念日は愛を表現するチャンス!

Part 3

男性がよろこぶ愛情表現のしかた⑨

彼に似ているものをプレゼント

二人の中でよく話題になるものを買ってプレゼントするのも、一つの愛情表現です。

以前、夫とお付き合いしている時期に、彼がチャーリーブラウンに似ているという話によくなりました。チャーリーブラウンを見るたびに「あ、◯◯くんがあんなところに！」といった、ちょっとしたおふざけです。

そんな最中に、私が買い物をしていると、ふとチャーリーブラウンが描いてある歯ブラシ台を見つけました。「これはいい」と思い、その歯ブラシ台を買って、こっそり彼の家の歯ブラシ台をチャーリーブラウンのものに替えておきました。

すると帰ってきて歯磨きをしようとした夫がそれに気づいて「あ！　俺の歯ブラシ台になってる！」とよろこんでいました。

自分のことを意識して買ってくれたのがうれしかったようです。

こんな風に二人の間でネタになっているものを、こっそり買ってプレゼントしたりすると、**気にかけてくれている感じが伝わり、男性はうれしい**のだそうです。

他にも、以前付き合った彼には、「枝豆に似てる（愛を込めて）」と言って二人で盛り上がってからは、居酒屋などで枝豆が出てくる度に、ちょっと自虐的に「うわ！俺が食われる」「○○くんが房にいっぱいついてるね（笑）」などと言って楽しんでいました。その後、枝豆のキャラクターの画像をネットで探し、そこに落書きして彼に送ったこともあります。

そんなものでも彼はうれしかったようで、落書きしたその画像を待ち受けにしていました。**自分に似ているものでいじられると、可愛がられている感じがしてうれしいのです。**

POINT

男性は彼女に可愛がられることがよろこび

Part 3

男性がよろこぶ愛情表現のしかた⑩

彼のことを具体的に褒める

「かっこいい」という言葉なら、あなたでなくても誰でも言えます。

そうではなく、**あなたにしか言えない彼の良さを伝えるのです。**

どんなところが素敵で、それによって自分はどんな気持ちになっているのか。**彼のことをよく見ているあなただからこそ言える具体的な彼のいいところを言ってあげましょう。**

それも、男性にとってはとてもうれしい愛情表現の一つです。

うまく言おうとしなくても大丈夫です。恥ずかしがりながら言ったっていいのです。あなたの気持ちを伝えることが大事です。

その中で、**今の彼の現実だけではなく、彼の長所から将来彼がこうなりそうだと**

いう未来の素敵な彼のイメージを伝えてあげるのも、上級の愛情表現です。

たとえば話が上手な彼なら、「将来はもしかすると社内で新入社員に向けて講話をする人になっているかもね！」だったり、新しいことにどんどんチャレンジすることが好きな彼には「将来は今の会社じゃなくて、もしかすると自分で会社を持っちゃって、新しいことはじめてそう！」というように、彼の良さが生きている未来を伝えます。

そうすると、男性は褒められるのと同時に、自分のことを信頼し、尊敬してくれていると感じられて、より女性からの愛情を感じます。

POINT

あなただけが知っている彼の素晴らしさを伝えよう

Part 3

男性がよろこぶ愛情表現のしかた⑪

お菓子にメッセージを書いて渡す

男性の友人が、箱にメッセージが書かれたお菓子を彼女からもらったのが、すごくうれしかったという話をしてくれました。その友人は、彼女とのデートの別れ際に自分の好物のチョコレート菓子をもらいました。「ごめん、我慢できなくて一個食べちゃった（笑）」と言いながら渡されたお菓子は、**既に箱が空いている食べかけだった**そうです。それもまた、とても可愛かったようです。

家に帰ってチョコを食べようとすると、箱の中に「今日のデートとっても楽しかったよ。また行こうね♡」と書かれたメモも入っていて、彼は今でもそのお菓子の箱とメモを大切にしまっているそうです。

「自分が好きだと言ったものを覚えていてくれた」

「何気ないメモに書かれたメッセージに純粋な気持ちを感じた」

男性は、こういった何気ないものをよろこび、ものと一緒に思い出すのですね。

私も、以前お付き合いしていた彼にとてもよろこばれたのが「レシート裏のメッセージ」です。お付き合いしていた彼の家にお泊まりをして、翌朝彼が先に家を出た後、**財布に入っていたレシート裏にメッセージを書いて、テーブルの上に置いておく**のです。内容は前日に一緒に過ごして楽しかったことや、かっこいいなと思ったところなどの回想と、次はこんなことして過ごしたいなというお願いを書きました。

彼が初めてそれを見たときは「なんでレシートなんだろう（笑）」と思ったそうですが、ちゃんとした紙じゃないところに愛着を感じたようです。

2回目も3回目もレシート裏にメッセージを残しておいたら、彼から「りさが泊まりに来た後は、家に帰るのがすごく楽しみだよ」と言われるようになりました。

そして、その彼はレシートのメッセージを全部箱の中にしまっていました。時々読み返していたそうです。

POINT

何気なく残すメッセージは彼にとって特別なプレゼント

何気なく残すメッセージのプレゼント♡

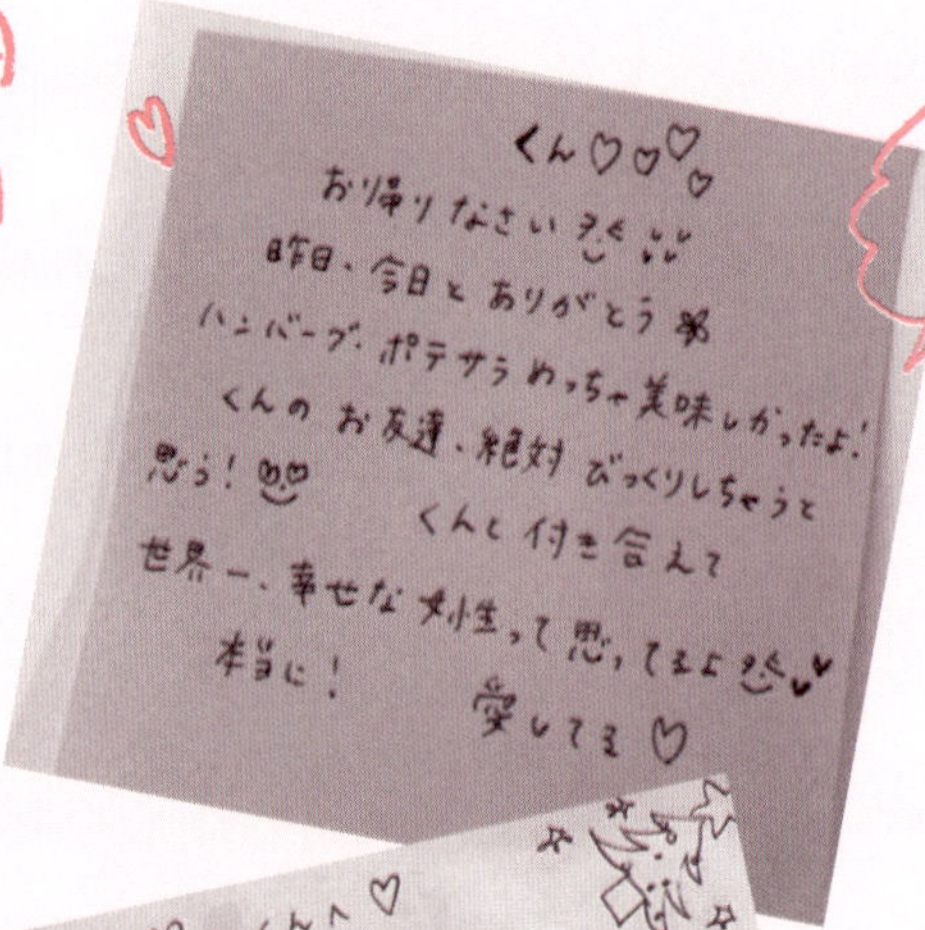
くん♡♡
お帰りなさい
昨日、今日とありがとう
ハンバーグ、ポテサラめっちゃ美味しかったよ！
くんのお友達、絶対びっくりしちゃうと思う！
くんと付き合えて
世界一、幸せな女性って思ってるよ
本当に！
愛してる♡

ポストイットを使って、
冷蔵庫など
意外な場所に貼って
サプライズ♥

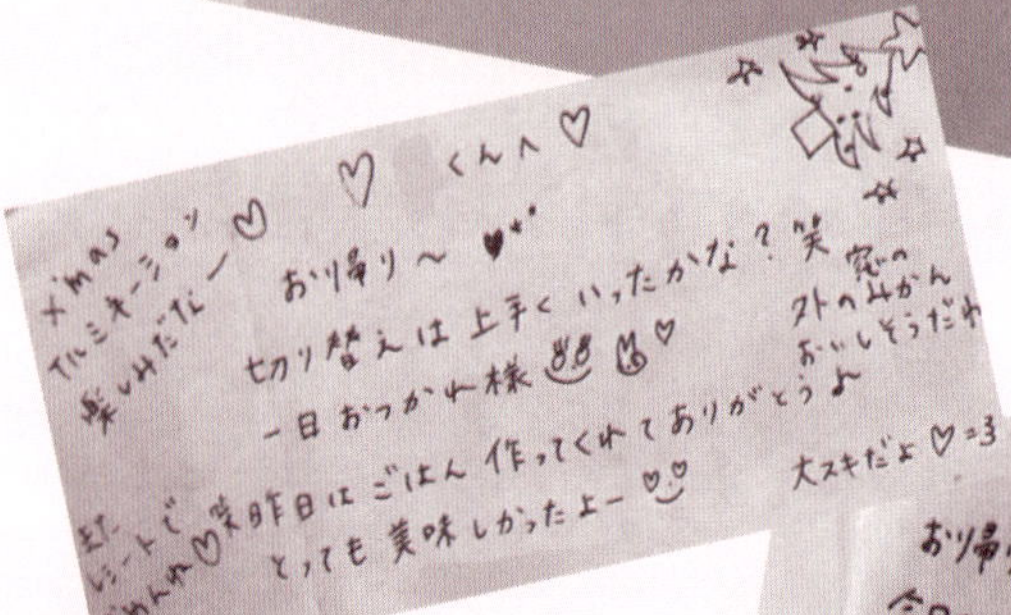
くんへ♡
Xmas イルミネーション 楽しみだなー
おかえり〜
切り替えは上手くいったかな？笑
窓の外のみかん おいしそうだね
一日おつかれ様
昨日はごはん作ってくれてありがとうよ
とっても美味しかったよー
大スキだよ♡
またレシートでごめんね

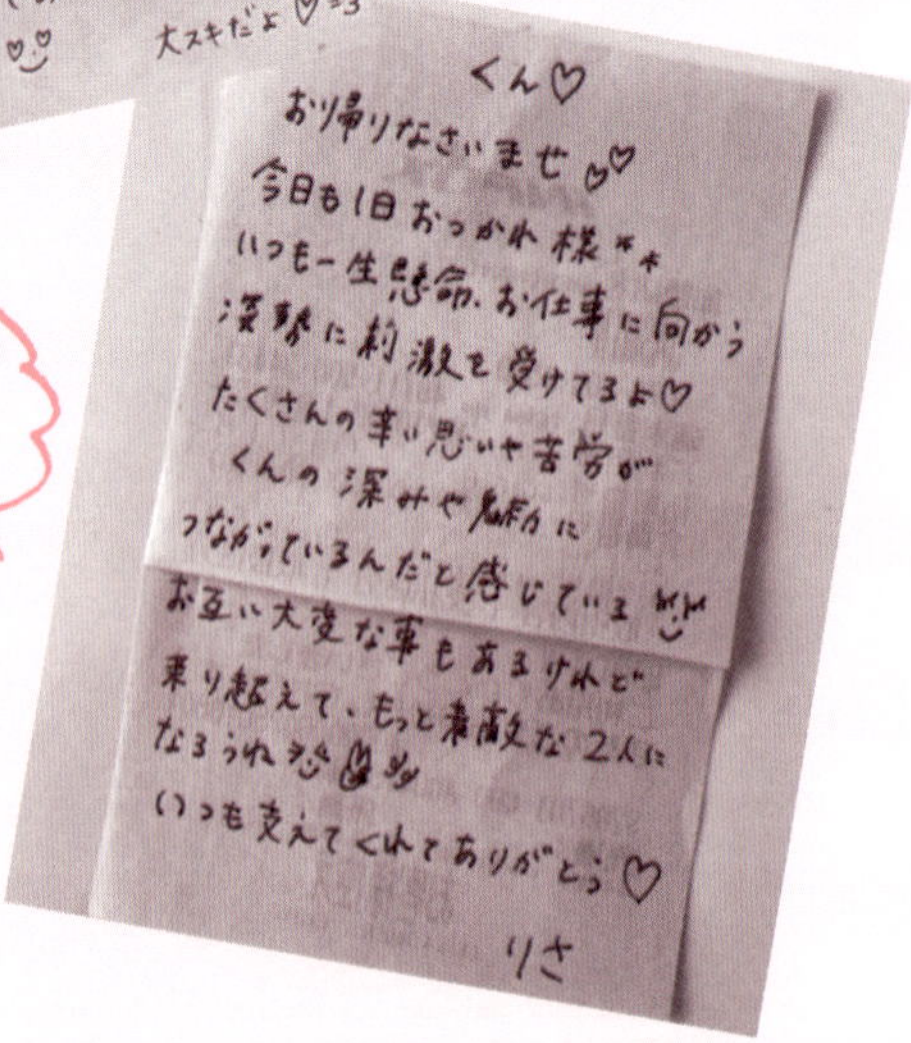
くん♡
お帰りなさいませ♡
今日も1日おつかれ様
いつも一生懸命、お仕事に向かう
姿勢に刺激を受けてるよ♡
たくさんの辛い思いや苦労が
くんの深みや魅力に
つながっているんだと感じている
お互い大変な事もあるけれど
乗り越えて、もっと素敵な2人に
なろうね
いつも支えてくれてありがとう♡
りさ

持っている
レシートの裏に、
さっと書いて
テーブルの上へ

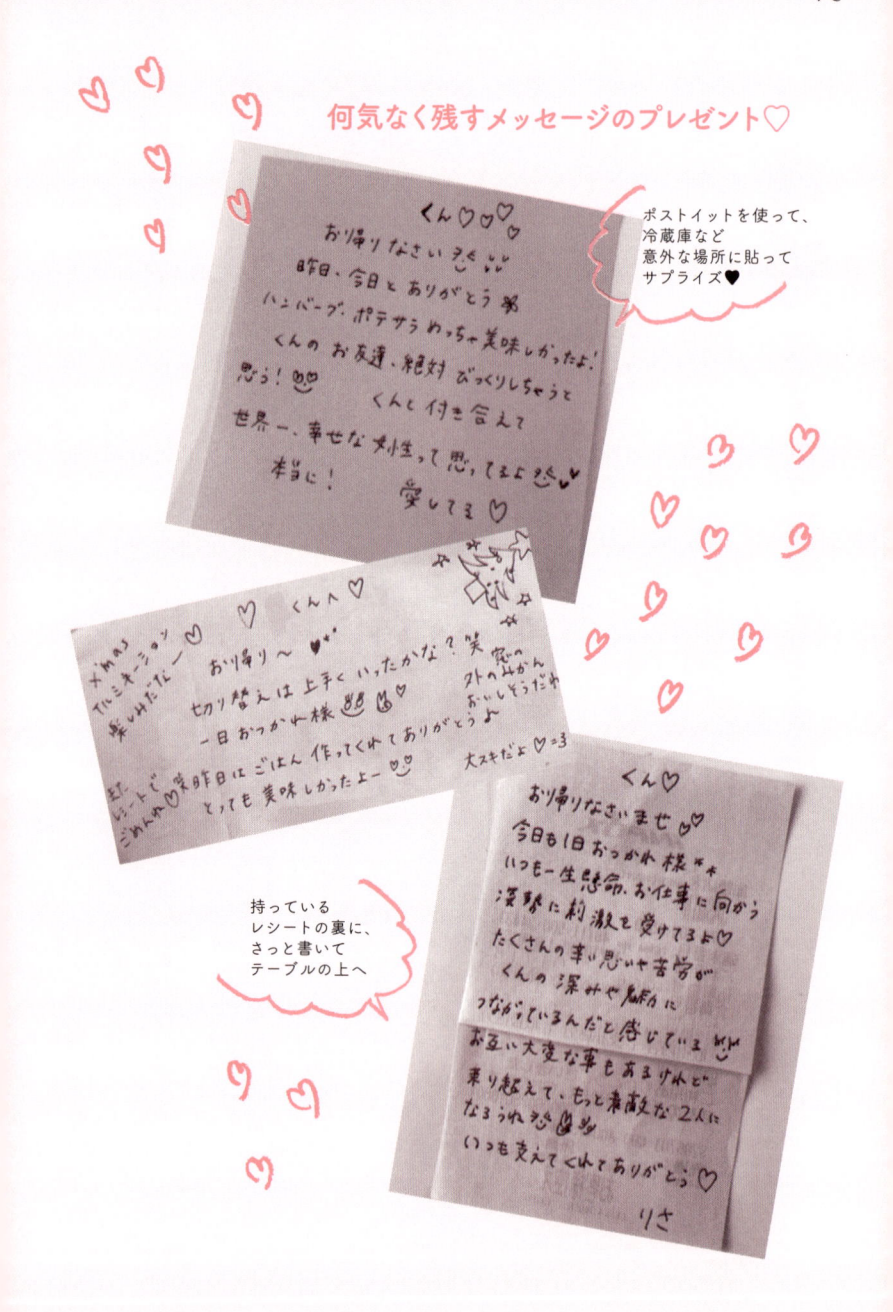

Part 3

男性がよろこぶ愛情表現のしかた⑫

二人の間では年齢を気にしない

これまで紹介してきた「交換ノート」や「手紙」、「二人の遊び」などに、30歳以上の生徒さんが恥ずかしがってしまうことが多々あります。

でも、**大人のカップルだからこそ、これらの愛情表現が新鮮なものになり、〝二人だからこそ楽しめること〟**になります。

大人になると、大人としての行動を意識して生産性のないことをやめてしまいます。そうなると、**無邪気な部分が表に出てくるチャンス**はなかなかありません。

そのなかなか出せない無邪気さを、唯一出せる相手がパートナーであることで、二人の愛はより深まることになります。

POINT

大人になっても遊び心を忘れない

2章

既読スルーに振り回されない！
彼の愛がもっと増える
「愛されＬＩＮＥメソッド」

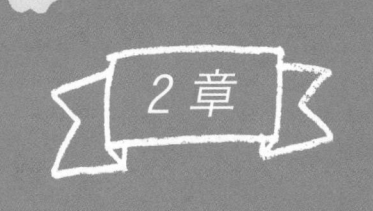

男性がもらってうれしいＬＩＮＥ①

ハートマーク♡

男性って、女性から送られるハートマークが本当に好きです。

男同士のおふざけを除いては、普段絶対に使わないハートマークは、絵文字界の女性の象徴。**ハートマークが送られて来るだけで「俺のこと好きなのかな？」と、その気になる男性も多い**のです。

この効果的なハートマーク、使うのをためらってしまうのが、バリキャリや自立している女性です。「キャラじゃないから引かれるんじゃないか」と思ってしまうようですが、実は全く逆。キャラじゃないからこそ惹かれるんです!!

なぜなら、普段ビジネスライクや、キチンと感のある女性が、プライベートのＬＩＮＥでハートマークを使うと、ギャップを感じて、とても印象に残るからです。

かわいいギャップは、男性に癒やしをもたらします。

また、同じハートマークでも、使うタイミングによって、NGハートとOKハートが存在します。

あそびの女ではなく、**結婚に繋がる本命彼女になるためのハートマークは、白抜きハート**（♡）です。**これを、お付き合いの前に使います。**そうすることによって、大人の女性の印象を与え、いやらしくなく男性によろこびを与えることができます。

赤やピンクの絵文字ハートは、お付き合い後に使うことで、二人の間だけのラブラブな特別感を演出できます。

男性は女性に自立していてほしいと思っています。でも、人として自立していることと、女性としての自分は分けて考えるべきです。ですから、自分が自立系だなと感じる人ほど、あえてハートマークを使ってみましょう。

POINT

しっかり者のあなただからこそハートマークが効果的

男性がもらってうれしいLINE②

出勤前、仕事終わりのLINE

男性がもらってうれしいLINEは、一言で言うと**「癒し」のLINE**です。

その**癒し**という気持ちがあります。

男性は女性に癒してもらいたいという気持ちがあります。

その**癒しをLINEで与えることができれば、離れていても、あなたのことをどんどん好きになっていきます。**

お付き合いの関係にない彼の場合でも、1週間くらいやりとりしていれば、彼が仕事へ行く時間や仕事終わりが何時くらいなのかが大体わかりますよね。

そこで彼の仕事へ行く時間、終わりの時間を見計らって、「おはよう○○くん！今日もお仕事頑張ってね♡」「今日も一日お疲れ様♡」のLINEを送りましょう。

朝仕事へ行くのがちょっと大変だなというとき、メッセージがあれば励まされますし、仕事で疲れたときにＬＩＮＥをチェックしたら、あなたからの労いの言葉が入っていると、とても癒されます。

ここで注意したいのが、彼を癒すつもりで「いつも遅くまで頑張ってるけど大丈夫？」のように、**「心配する」ＬＩＮＥ**です。

先にも述べましたが、男性は心配されると「弱そうに見えるから俺は心配されるんだ」と思ってしまうことがあります。

男性は自分のことを弱いと思いたくないので、**心配するよりも「いつもお仕事頑張っていてすごいね♡」のように、ポジティブなＬＩＮＥの方がよろこばれます。**

POINT

ポジティブな〝癒しＬＩＮＥ〟で好きにさせる

男性がもらってうれしいＬＩＮＥ③

男の絵文字は使わず、ゆるかわスタンプを使う

男性がもらってうれしい癒しのＬＩＮＥには、ゆるくてかわいいスタンプが効果的です。

ポイントは、ゆるいだけでも、かわいいだけでもない、ゆるかわです。

有名どころだと「うさまる」のスタンプがオススメです。あのゆるかわ感は男性に大好評です。

その**スタンプがあなたのイメージになってしまえば、「あなた＝癒しの存在」になる**ので、彼の中であなたのポイントがぐっと上がります。最近では、ゆるかわな絵文字も購入できるようになったので、それを使うといいでしょう。

間違っても、男性が使うような絵文字やスタンプを使ってはいけません。

離れていて顔が見えない分、ＬＩＮＥの雰囲気などで女性らしさを伝えなければ

なりません。それなのに、男性がよく使うようなスタンプや絵文字を使っていると、男友達感覚になってしまい、恋愛に発展しにくくなります。

お付き合いをしている二人なら、**お互いの名前入りのスタンプ**を購入して使うのもポイントが高いです。

私は夫の名前入りのスタンプを購入して、「お疲れ様♡」の文とともに、そのスタンプを送っていますが、夫はとってもよろこんでくれますよ♡

ゆるかわスタンプの他に、「うーん」と悩んでいるようなスタンプも可愛くていいですよ。

POINT

ゆるかわスタンプで恋のスイッチON

男性がもらってうれしいLINE④

ペットのおもしろ動画を送る

犬や猫、その他どんな動物でもかまいません。彼が好きな動物の動画を送ってあげることも、男性がよろこぶLINEの一つです。

送るのは、単純にカワイイ動画と、ちょっとおもしろい動画を送ってあげましょう。

youtubeで「ペット　おもしろい」などと検索するとたくさん出てきます。好きな動物のカワイイ動画やおもしろい動画を観ることで、僅かな時間、ストレスやプレッシャーを忘れることができ、彼は癒されます。

おもしろ動画は癒しだけでなく、あなたを「ユーモアのある女性だな」と感じさせることもできます。

男性はユーモアのある女性が大好きです。

ユーモアのある人と言われると、とてもハードルが高く感じて、「おもしろいことなんて言えない」と思う女性がほとんどだと思います。

ですから、そういうときこそ、**自分がおもしろくなるのではなく、「すでにおもしろいもの」を使います。**

それがペットのおもしろ動画なのです。

ユーモアに関しては、お笑いが好きな彼であれば、ｙｏｕｔｕｂｅで彼の好きなお笑い芸人を探して、「これ超おもしろかった」と送ると、よろこんでもらえます。

POINT

二人をつなぐユーモアはおもしろ動画に任せちゃおう

関係を深めるＬＩＮＥで「波長が合う人だな」と思わせる①

彼のリズムを知って運命を感じさせる

人は、**自分と波長が合う人を好きになります。**

「波長を合わせる」と聞くと難しく感じるかもしれませんが、この感覚を彼にＬＩＮＥで与えることができます。

ＬＩＮＥをやり取りする頻度やリズムが合うだけで、波長が合うなと感じてくれるのです。

まず、彼の生活リズムがわからない頃は、**ＬＩＮＥを送る時間をランダムにします。**すると、彼が返信をくれるタイミングから、朝ＬＩＮＥが帰ってくる時間、夜ＬＩＮＥが返ってくる時間がわかります。

次に、**把握した彼の生活リズムに合わせて、あなたもＬＩＮＥを送るようにする**のです。そうすると、「ＬＩＮＥしやすいな」「この子とは感覚が合うな」と思ってもらえます。

しかも、彼が仕事を終えて、ちょうど帰るくらいのタイミングでＬＩＮＥを送ることができれば、彼が**ＬＩＮＥを開いたときにあなたのメッセージが一番上に表示されます**から、さらに返してもらいやすくもなるのです。

もしあなたが17時に彼にＬＩＮＥして、彼の仕事終わりが21時だったとしたら、その4時間の間に他のＬＩＮＥが入り、あなたのＬＩＮＥが下の方に流れてしまうこともあるのです。

恋愛初期であなたの存在を意識させるためには、このような戦略も大切です。

POINT

運命は戦略的に感じさせる

関係を深めるLINEで「波長が合う人だな」と思わせる②

文章量と送る間隔は彼に合わせる

LINEを送る時間帯以外にも、**文章量や送る間隔も彼に合わせると「波長が合うな」と思ってもらえます。**

彼のLINEが2、3行ならあなたも2、3行で、彼が長文派ならあなたも長めの文章で返します。男性は長文派の人はあまりいないので、どちらかという短い文章になると思います。時々1文だけの人もいると思いますので、そういう彼には1〜2文で返すようにしましょう。

返信する間隔については、彼が仕事ではないタイミングにLINEをしてみて、返信が来るまでの時間に合わせます。送ってから30分で返ってきたら、こちらも30分空けて返す。10分だったら10分空けます。

ただ、これらはいずれもお付き合いをする前の話です。

LINEなどの連絡ツールでのコミュニケーションを大事にしたい女性は、**どのくらいの間隔で連絡するのかなどの二人のルールを、お付き合いの初期段階で、しっかりと話し合う必要があります。**

彼が3日に1回でいいと思っていても、あなたは最低1日2回は連絡したい場合、話し合わなければ、必ずあなたに不満が溜まります。もちろん彼の意見もしっかり聞いて、お互いが心地よくいられるポイントを見つけてください。

一方で、付き合っていないのに「もっとLINEが欲しい」と、彼に要求する人がいますが、それはNG。男性からすれば「重いな」と思われてしまいます。

もしLINEの頻度を増やしたいのであれば、**「○くんとのLINEが楽しいから、たくさんしても飽きない♡」**という言い方で伝えましょう。

それでもLINEが増えない場合は、それ以上要求しないようにしましょう。

POINT

「波長が合うな」はLINEでつくれる

彼が思わず返信したくなるＬＩＮＥには、これがある①

ざっくりＬＩＮＥはＮＧ

彼からの返信がもっと欲しい場合、彼に求めるのではなく、**まずは自分が送るＬＩＮＥを見直しましょう。**

返信しづらいＬＩＮＥを送っているために、返信がないことが多々あります。

たとえば「最近忙しい？」というような**ざっくりとした質問は、男性もなんと返していいかわかりません。**「忙しいけど、忙しいってだけ送るのもな……。でもこれ、聞いてどうするんだろ？」と困ってしまいます。

困って返信を考えているうちに、一旦ＬＩＮＥを閉じたまま返信を忘れてしまうということはよくあるのです。

POINT

ざっくりＬＩＮＥはそっと閉じられる

彼が思わず返信したくなるＬＩＮＥには、これがある②

感情表現を意識する

実際に、彼からの返信率を高めるには、どんなＬＩＮＥを送ればいいのでしょうか？

ＬＩＮＥは主に文章でのコミュニケーションです。コミュニケーションには会って話す、電話するなどがありますが、文章でのコミュニケーションは難しい部類に入ります。

なぜなら、表情もわからないし、電話のように声も聞けないのでどんなトーンの話題なのかわからないからです。ですから、ただＬＩＮＥしているだけではあなたがどう感じているのかが伝わらないのです。

男性は、女性がどう感じているかが伝わらないと、どう行動していいのかわからなくなってしまいます。女性のように察する力はないので、相手が表現する感情を頼りに、自分の次の行動を判断しています。

特に「うれしい、楽しい、おもしろい、幸せ」といったポジティブな感情が伝わってこなければ、次第に男性は離れてしまいます。

なぜなら男性は「女性を幸せにできている」ことで自分の存在意義を見出すからです。

生徒さんに、男性から「君は何を考えているかよくわからない」と言われ、離れていってしまうパターンが多いという女性がいました。その方に「ポジティブな表現をたくさんするように意識してみてください。自分ではしているつもりなら、今の2倍の気持ちで表現してください」と伝え、実践してもらったところ、「○○ちゃんと一緒にいると楽しい」と言われるようになったそうです。

このことからもわかるように、男性にとってポジティブな感情が伝わることはとても重要なのです。

男性の「何を考えているかわからない」は、「僕が君を幸せにできているかわからない」ということです。

たとえその女性のことが好きだとしても「幸せにできているかわからない」＝「自分の存在意義を見出せない」ので、男性は離れていきます。

ですから、**LINEでは「うれしい、楽しい、おもしろい、幸せ」といったポジティブな感情が伝わるように意識しましょう。**

だからといって文章力を鍛える必要はありません。絵文字やスタンプで感情が伝わるようにすればいいのです。

POINT

愛されLINEにポジティブな感情表現はマスト！

お付き合い中のLINEあるある問題①

彼からの返信が遅い、頻度が減った

あなたは彼とたくさんLINEのやり取りをしたいのに、彼からのLINEは3時間に1通くらいしか返ってこない。ひどい時にはおはようとおやすみだけ……。

まず、一つ安心して頂きたいのは、**彼からの返信が遅いことや、お付き合いする前と後でLINEの頻度が減ることと、彼のあなたへの愛情は関係ない**ということです。

男性はLINEに重きを置いていない場合が多いのです。単なる連絡ツールとしか捉えていない男性がほとんどです。

男性同士の場合は、遊ぶ、飲むなどの用事がない限り、LINEを使いません。

しかも、「来週の予定空いてる?」というLINEが男友達から来たとしても、1日2日スルーは割と当たり前で、その後普通に「空いてるよー」と送る。そして相手からは当日「今日19時に新宿どう?」とくる。こんな感じなのです。これが男性にとってのスタンダードです。

ですから、**感情の交流をするような連絡は非日常**なのです。

そんな男性がもっとLINEを返してくれるようになるには、やはり、**お付き合い初期の話し合いが必要です。**

早い段階で話し合いをすれば、彼もこれから付き合っていく上での価値観のすり合わせという感覚で捉えます。

すべてが自分の思い通りにいかないこともあるでしょう。

男性は忘れてしまう生き物でもあるので、一度すり合わせたのにやっぱりLINEをくれなくなったということも多々あります。

そんな時には**根気よく話をすることが大切です。**

POINT

LINEの頻度は早めに話し合って決めよう

お付き合い中のLINEあるある問題②

LINEで1日のことを教えてほしい

彼からのLINEが事務的な連絡ばかりでさみしくなるという悩み、ありますよね。

彼にもっとその日のことを話してほしい。彼がどんな気持ちだったのかをもっと知りたい、というものです。

その場合、**まずはあなたから「今日はお仕事どうだった？」「今日のお休みは何してたの？」などと質問します。**

そして答えてくれたら、もう少しその話題を広げてみて、**「○○くんのことを知れてうれしい」「話してくれてありがとう♡」と伝えます。**

そしてもし彼から自発的に「今日はこんなことがあったよ」と教えてくれたら、たとえそれが短い一文だったとしても「わぁ、教えてくれてありがとう！」「おはようっていつも送ってくれてうれしいけど、◯◯くんからこういう連絡がもらえて幸せ」と、よろこびを思いっきり表現します。

「あなたから連絡をもらうことで私は幸せになるんだよ」と彼に知ってもらうのです。連絡が欲しいと言いつつ、**連絡をもらってもよろこびをあまり表現しない女性も多いのですが、それでは彼も連絡をする意味を感じません。**大げさなくらいよろこんでいいのです。

もし、全くそういうタイミングがないのであれば、「◯◯くんからＬＩＮＥがもらえると幸せだし、すごく元気になるから、今日はこんなことしたよってＬＩＮＥももらえたらすごくうれしい」と伝える必要があります。

連絡をくれないことを責めるのではなく、ポジティブな感じで**「連絡がもらえるとうれしい」**と伝えるのです。そして、ちょっとでもそういう連絡をくれたらよろこびをわかりやすく表現するようにしましょう。

POINT

責めるのは逆効果。彼のＬＩＮＥの習慣はゆっくりつくろう

お付き合い中のLINEあるある問題③

スタンプを使わない男性の心理

そもそも**男性は連絡ツールとしてLINEを使用している**ことが多いので、**スタンプを使う意味を見出せていません。**女性は全く違う感覚で、気持ちや感情の交流としてLINEを使用しているので、そこに差が生まれます。

スタンプや絵文字がないことで「愛情が感じられない」と思う女性もいますが、**スタンプの有無に男性の愛情は関係ありません。**

もし、男性にスタンプを使ってほしいのであれば、スタンプをプレゼントしましょう。彼が使ってくれることをとてもよろこんでいれば、彼も使うようになることがあります。

POINT

彼の愛情はスタンプでは測れない

自爆LINE①

自爆LINEを送ってしまう原因

よくありがちな自爆LINEに、彼から返事が返ってきていないのに何度もLINEを送る「連投LINE」、ひたすら思いの丈や彼への不満が綴られている「長文LINE」があります。

かくいう私も、何度もこのようなLINEを彼に送ったことがあります。

この「連投」と「長文」、どちらのLINEにも、送ってしまう原因があります。

まず一つは「彼からもう返事がこないのではないか」「今送らないと振られるかもしれない」という錯覚が起きていることです。

そんな不安を自分の中に抱えておくことができず、連投や長文といった形で相手にぶつけてしまうのです。

「不安な気持ちを我慢できない」
「自分の中にあるネガティブを受け止めきれない」
「孤独に耐えきれない」
「このまま落ち込んで立ち直れない気がする」

このような理由から、男性に自爆ＬＩＮＥを送って感情を消化（発散）させようとするのです。

でも、**これによって彼との関係が改善されることは、ほぼ１００％ありません。**

POINT

手に入れたいのは、気持ちの発散？　それとも彼からの返信？

自爆ＬＩＮＥ②

自分の中の寂しさや不安が自爆ＬＩＮＥの元

また、連投や長文とは別に、**「絵文字をなくす」**という自爆ＬＩＮＥもあります。

いつもは絵文字を使っているのに、彼に嫌な感情を抱くと、絵文字をなくしてそっけないＬＩＮＥにするのです。

しかし「何について怒っているか」は言いません。彼から「何か怒ってる?」とＬＩＮＥで聞かれても「別に」と答えます。

これは依存型こじらせ女子に多い特徴で、**「察してほしい」「言わなくてもわかってくれることが愛だ」という考え方から、このような態度を取ってしまいます。**

もしくは不機嫌アピールして彼に謝らせたり、彼に自分の大切さを感じさせようとしたり、「愛情を取り戻そう」とします。こうやって気にさせることで愛情を取り戻すＬＩＮＥにはもう一つ、**「既読スルー」**があります。相手から謝罪や「何かあったの?」という心配のメールが来るまで返さないのです。

また、最近では新たな自爆LINEとして**「送信取り消し」**があります。最近、送った内容をお互いのLINEから削除できる「送信取り消し」ができるようになりました。これは、彼にLINEを送ってすぐに送信を取り消し、「削除済み」の通知を残して、「やっぱりなんでもない」と送り気を引こうとする**「無意味な送信取り消し」**という自爆LINEが生まれてます。

こんな風に自爆LINEには大きく分けると4種類あります。

どの自爆LINEも適切なコミュニケーションとは言えず、**相手との関係を悪くしてしまうことが多い**ものです。ですから、自爆LINEを送りそうになったときには、そうしないための対策が必要になります。

POINT

自爆LINEを送る自分にさよならしよう

自爆LINE③

自爆LINEを送る私をコントロールする

連投や長文を送りたい衝動に駆られたときには、**紙に書き出す**ことが最も効果的です。

まず、彼に送ろうと思っていたLINEの文章を、そのまま書き出します。

それを、自分で読み上げながら「このLINEを送られてきたらどう思うかな」と、客観的に考えます。

その次に、「なぜ私はこれを言いたいのか」を掘り下げます。

この内容をなぜ伝えたいのか。その「なぜ」が大事なのです。自分がどんな気持ちでLINEを送ろうとしているのかを、理解する必要があるのです。

たとえば彼が既読スルーを何時間もしていたときに、

連投系なら「何で返信くれないの?」「無事?」「まだ帰ってないの?」

長文なら、「ずっと言おうと思ってたんだけど、いつもLINEの返信が遅いよね。そんなに忙しいんだね。結構寂しいんだけど。たまにならLINE返せないのもわかるけど、いっつもだよね。それに対して『遅れてごめん』もないし。もう私のこと好きなのかわかんないんだけど」

という感じですよね。

これでは、あなたは何が嫌で、どうして欲しいのかが彼に伝わらず、自分でも「本当はどうして欲しいのか」がわかっていない状態なのです。

POINT

遠回しな「気づいてアピール」は男性には届かない

自爆LINE④
心の奥深くにある〝理由〟に気づこう

ここから**「なぜ」**を考えていきましょう。

「なぜこのLINEを送ろうとしているのか」→「連絡がもらえないのが寂しい」→「普通だったら愛している人には連絡するはずだ」→「私は大切にされていない」

という風に、**「連絡がもらえない＝大切にされていないと感じている」から連絡をとりたくなっている**自分に気がつきます。「連絡がもらえていない私は、愛されていない」という思い込みが存在しています。

つまり、**連絡が欲しいのではなくて、大切にされている・愛されている実感が欲しい**ということなのです。

こんな風に「なぜ」を考えていくと自分の本当の気持ちに気づいて、何を相手に伝えるべきかが明確になります。これは絵文字をなくしたり、無意味な送信取り消しをしようとしているときも同じです。

伝えるときには、「本当に今すぐLINEで言うべきか」「会ったときに言うべきか」を決めましょう。LINEは文章なので、感情やニュアンスが伝わりにくく、誤解を生んでしまうことがあるので、**大事なことはなるべく会って話す**ことを生徒さんにも勧めています。会った方が温度感も伝わります。

また、**伝えるときに重要なのは、相手を責めないようにすること**です。これまでの我慢や、「こうして欲しい」という思いがあると、相手を責めてしまいがちです。

特に男性は、責められると自分を守るために相手の意見を聞き入れない傾向があります。彼は自分とは違う価値観かもしれないと理解した上で、責めずに自分の思いをシェアして、相手の意見も聞くスタンスで伝えましょう。

POINT

送信ボタンを押す前に自分宛にLINEを送ろう

付き合う前にLINEがこなくなってしまったら

いいなと思っていた彼とLINEをしていて、**突然LINEが既読（未読）スルーされてしまったときにやりがちな自爆LINEが、「私、何か悪いこと言っちゃったかな？」「返信欲しいです」と追LINEをすること**です。

これを送ってしまうと彼からLINEが返ってくることはほぼないでしょう。

男性としては悪いこと言ったのかなと思わせちゃって申し訳ないと思いつつも、「なんかちょっと重い」と感じて返信がしにくくなります。

また、「返信欲しいです」も、責められている感じがして返信がしにくくなります。

突然返ってこなくなったLINEを返してもらうには、**3週間ほど空けた後**に何事もなかったかのように、「久しぶり！　今日雨大丈夫だった？」くらいの軽さでLINEを送ることが大切です。

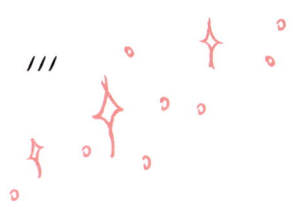

これは男性に既読スルーしたという罪悪感を認識させないためです。**男性は責められると思うと逃げる傾向にあるので、何事もなかったかのように軽く連絡する**ことで、責められることへの不安感をなくし、返信しやすくするのです。

3週間空けるのには、意味があります。人の記憶は3週間（21日間）経つと取り出しにくくなります。つまり、3週間前にしたこと（既読スルー）への罪悪感が薄れているので、返信しやすくなるのです。

実際に私が試してみたところ、2週間でLINEを送るよりも、3週間経ってからLINEをした方が、返信が返ってくる確率が高かったです。

3週間後にLINEを送るときには、**LINEのアイコンを音信不通になったときのものから変えましょう。**服装や髪型、化粧などが変わったあなたのアイコンにすることで、男性があなたの変化を感じ、返信してくる確率がよりアップします。

POINT

既読スルーには3週間後の軽いLINEが効果的

3章

冷たくなった彼の心に、
もう一度火をつける
「フラットシップ」

彼の気持ちが冷めてしまった原因はなに？

第一に、どんなに男性が満たされていたとしても、男性は他の人を好きになってしまうことがあります。また、彼自身の内面に癒すべきものがあり、幸せになるとその状態を壊したくなってしまう人がいます。これらの場合、**彼が離れていった原因はあなたにありません。**

ですがほとんどの場合、二人の関係性が原因で男性の気持ちが離れてしまっています。長くお付き合いをしたり、結婚したりしている場合、彼の気持ちが離れる一番の原因は、彼が「自分の存在意義を感じられなくなっている」ことです。

男性にとって「自分が女性の役に立っている」とか、「自分が女性を幸せにできている」という「自分の存在意義」がとても大切なのです。

美人でタイプの女性と付き合うことよりも、自分の存在意義を感じられる女性と一緒にいる方が、男性にとっては幸せなことなのです。

その最大の原因は、**女性が「感謝しない・褒めない」**ことにあります。長く一緒にいると「一緒にいて当たり前」「やってくれて当たり前」という「当たり前」が増えていくからです。

付き合った当初は、ちょっとしたことにも「ありがとう！　素敵♡」と言っていたのに、それが長く付き合って当たり前になってくると大抵の女性はありがとうどころか、何も言わなくなります。それどころか、「食器の洗い方が雑」「どうしてゴミ出し忘れるの！」「お風呂くらい洗ってよ」などと、彼がしてくれることに文句をつけるようになるのです。すると、男性の心はどんどん離れていきます。

彼女に対して何かをしてあげようという気もなくなってしまいます。

これが、男性が女性に対して冷めていくパターンで最も多いものです。

POINT

当たり前が増えると彼の愛情は減っていく

彼の愛を取り戻す方法

前ページでお話ししたように、気持ちが離れていっていると感じた場合は、**彼への感謝や褒めることを意識的に増やすことが大切です。**

小さなことでも感謝して、彼の素敵なところを褒めていくことで、次第に彼はあなたへの愛を取り戻していきます。

あなたが彼に対して感謝したり、褒めたりすることは、男性からすると女性が愛情表現をしていることになります。

男性が女性から「ありがとう」と感謝されることは、女性が男性から「好きだよ、愛しているよ」と言われることと同じなのです。

感謝がないと、彼は「彼女は僕のことを愛してくれているだろうか。彼女のことを僕は幸せにできているのだろうか」と思い、それによって安心して愛情を与えら

れない状態になっているのです

もう一つ大切なのは、わかりやすく変化をすることです。

これは、今付き合っている彼との関係が冷めてきている人も、もう別れてしまったけれど復縁したいと考えている人もどちらにも有効です。

まずは「見た目」をわかりやすく変える

たとえばダイエットをするとか、髪の色や髪型を変えてみる、服装を変えてみる、化粧をプロに習いに行くなど、見た目を変えると、離れていった男性が「前と何か変わったな」と感じて、また連絡をくれたりするようになります。

その当時の自分ではダメだったのですから、離れていった男性の心を取り戻そうと思ったら、何かしら変化することが必要なのです。

見た目を変えることにはものすごく大きな効果があります。実際に髪の色や服装、化粧などを変えて写真を撮り、それをＬＩＮＥアイコンに設定したら、振られて音信不通だった彼から「雰囲気変わったね！　最近元気してる？」という連絡が来たという女性が何人もいます。ピンポイントで復縁したい彼がいるのなら、服装や髪型を彼好みに寄せるとよりいいでしょう。

これまでやりたいけどやっていなかったことをはじめる

新しい趣味や習い事をはじめたりすることも、自分の輝きが増す要因になります。男性は、言葉を選ばずに言えば夜の蛍光灯に寄ってくる虫のようなものです。光っているところに自然と集まってきます。その光は、可愛いとか綺麗だけではなく、自分に磨きをかけようとしているエネルギーも含まれます。

そして、もう既に別れている彼なのであれば、**彼と会うまでに、少なくとも他に3人の男性とデートを重ねておくことが大事**です。

その男性3人を恋に落とすくらいの気持ちで、トークやしぐさを磨いてデートを重ねれば、それが自信にもなり復縁したい本命のカレに出会ったときに、臆せずに対応することができます。

すると、**彼に「見た目だけじゃなく、本当に変わったんだな」**と思ってもらうことができるのです。

これを聞くと、「ありのままの自分じゃダメなの？」という声も聞こえそうですが、**変化することは、ありのままの自分ではなくなることとは異なります。**

より自分に磨きをかけてブラッシュアップすることです。

光り輝くダイヤモンドも、元は炭素でできた石です。

何も、ダイヤモンドの原石なのに、ルビーになれと言っているわけではありません。磨いてもダイヤはダイヤで、元々の本質は変わりません。

しかし、「ありのままの私」＝「今と変わらない私」ではないのです。

POINT

新しいチャレンジは心が離れた彼をハッとさせる

彼の気持ちを取り戻したいと思う本当の理由①

寂しいだけが復縁の理由になっている

あなたが「別れてしまった彼を取り戻したい」「彼がいないと辛くて辛くてしょうがない」というのであれば、**そこまで彼を取り戻したい本当の理由を考える必要があります。**

「彼がいいから彼を取り戻したい。以上」で終わるのではなく、〝なぜ彼でなければいけないのか〟〝本当に彼でなければいけないのか〟をしっかり考えます。

そうでなければ**「復縁すること」が目的になってしまい、彼と戻ったとしても、また同じように別れることになってしまう**からです。

私はこれまで「復縁したい」という多くの女性をカウンセリングしてきました。

その経験から、「別れた彼とどうしても復縁したい」場合、その理由は、主に3つあることがわかりました。

まず、1つ目の理由。これが最も多いのですが、彼がいない〝枯渇感〟です。

これは以前の私もはまっていた恋愛のパターンです。

枯渇感とは、たとえば「彼がいないと自分に価値を感じられない」「彼がいないと人生が満たされていないと感じる」「彼がいないと誰かから必要とされている感じがしない」というようなものです。欠乏感とも言い換えられますね。

これらの場合、〝枯渇感を埋めてくれる人〟が欲しいというのが本当の理由であり、〝別れた彼〟でなければいけない理由ではありません。

実は、そこに気づくと、「彼と復縁したい」という、執着心がなくなる人がほとんどです。

POINT

復縁の理由を「寂しいから」にはしないでね

彼の気持ちを取り戻したいと思う本当の理由②

怒りや悲しみを消化させるため

２つ目は、**離れていった彼に対する「怒り・悔しさ・悲しさ」が理由のパターン**です。

これは「ちゃんと別れておらず音信不通にされた」「冷たい振られ方をした」場合に多く出てくる感情です。

いきなり音信不通にされた女性は、「なんで?」という悔しさや、「ひどい」という怒りや悲しさの感情が湧きます。

すると、**その感情を消化させるために、彼とよりを戻す方法を求める**のです。

「このまま〝自分が捨てられた感じ〟になるのは悔しいし、悲しいし、腹が立つ。だからこのままでは終われない」と思います。

そのため、彼と復縁することに執着してしまうのです。

つまり、自分の悔しさや悲しさを消化するためなので、〝別れた彼とよりを戻したい〟のではありません。

別れた彼でなければいけない理由はないのです。

POINT

振られてもあなたの価値は変わらない

彼の気持ちを取り戻したいと思う本当の理由③

彼が私の〝唯一〟という思い込み

3つ目は「彼みたいな人はもう現れない」「彼以上に好きになれる人はもう現れない」という理由です。

果たしてこれは本当でしょうか？　確かに〝彼〟は一人しかいないのでもう現れませんが〝彼みたいな人〟は世の中にたくさんいるはずです。彼が持っていた素敵だと思う要素を書き出してみれば、他にもいることはわかります。

ただ、この理由をもっと詳細に見てみると、女性が感じているのは「彼みたいな人はもう現れない」ではなく、**「私みたいな女性を好きになってくれる人で、彼みたいな人はもう現れない」**と感じているのです。これは自分に対する自信のなさがそう感じさせています。でも、これも本当でしょうか？

生徒さんに「彼から振られてもう絶望です。辛すぎます。もう彼以上の人は現れないと思います」と言っていた方がいました。でも、そんな生徒さんも一年後には、また大好きな彼を見つけてお付き合いすることができています。

そもそも、彼みたいな人である必要もあるのでしょうか？

次に出会う人は、「私を好きになってくれる素敵な人」であればいいわけです。

あなたが彼との復縁をしたい本当の理由に気づけば、「彼でなくてもいい」と思えることがほとんどです。

「彼でも、彼でなくてもいい」そう考えられるようになると、すべてがもっとスムーズに進むようになります。

POINT

彼と同じ人はいないけれど、彼と一緒よりも幸せになれる人はいる

彼への思いを見つめてみるワーク

今、頭の中も、心の中も彼でいっぱいのあなたに、客観的視点を持つためのワークをやってもらいたいと思います。

①彼となぜ別れることになったと思うか、第三者の視点から書き出す
②彼の良かったところを書き出す
③彼の微妙だったところを書き出す
④彼への感謝を書き出す

次は、どういう男性と出会いたいのか、復縁したい彼も含めて、次に出会うならどんな男性がいいのかをあぶり出すワークをやってみましょう。

①今のあなたはどのような状態なのかを書き出す
②理想の自分はどのような状態なのかを書き出す
③理想の状態になるためにできることを20個書き出す

①〜③を特にこじらせていた頃の私が書くと、次のようになります。
①自分に自信がなく、付き合うとすぐに不安になり、彼の愛を疑ってしまう
②彼を信頼して愛されている自信が持てる。自分の時間も楽しんでいて、恋も仕事もプライベートもうまくいっている
③趣味をつくる、たくさんの男性と会う、メイクを習う、ダイエットをする……
これを、それぞれノート1ページ分を使って書き出してください。
ここまで書くと、かなり冷静に自分と彼を見つめることができるようになります。

POINT

今を整理して、未来に進む扉を開けよう

〝フラットな新しいパートナーシップ〟ではじめからやり直す

彼の気持ちが離れていると感じるときには、彼に何かを遠慮して〝フラットな関係〟を築けていないときです。

つまり、「彼から愛されていない、彼から愛をもらえていない」と思っているのです。

そして、愛を感じられていないのに、彼にそれを伝えることができず、そのままにしてしまっています。なぜなら、**「自分を出したら嫌われる」「寂しいと感じているけど、重いと思われそうで言えない」と、遠慮しているから**です。

これでは、明らかに彼とフラットな関係を築けていません。自分を彼よりも下に見て、心から対等だとは思えていないのです。

こうなりがちなのは、男性が自己実現のために環境を新しくしたり、どんどん夢を叶えていったりしているときです。

なんとなく置いていかれてしまっている感じがするし、彼は仕事に夢中で自分への愛情が感じられない。でも、相手の方が上だと思っているため、それを言えずに離れていると感じているのです。

こういったときは、まず相手にどうしてほしいというよりも、**自分がどういう関係を相手と築きたいのかを書き出してみましょう。**

自分が理想だと考える二人の関係を書き出し、それを〝実現している自分〟で接することが大切です。

もう既に理想の関係を築けている自分で接することで相手と対等な関係が築けるようになります。

POINT

理想のパートナーシップは先取りで手に入る

自分が下だと決めつけない

そもそも、関係がフラットではない理由はなんでしょう？

学歴、経験、知識が関係しているのでしょうか？

フラットではない関係は、学歴や経験、知識の差ではなく、**あなた自身が「彼との関係はフラットではない」と決めていることにあります。**フラットでなくしているのは**自分の考え方**なのです。


私も以前、起業家の彼とお付き合いしたときに、このフラットではない関係によって苦しくなりました。相手は起業してバリバリ稼いでいるけれど、自分はただの貧乏会社員。だから彼の言うことには反論できなかったし、彼が正しいのだと思い込んでいました。

言いたいことがあっても、自分なんて彼には及ばないからと勝手に決めつけて黙っていたのです。

でも、やっぱりそんな関係には限界がきて、私の方が我慢できずに感情を爆発させてしまいました。

（テレビを投げて壊してしまいました　笑）

そのときに、私の中で何かが吹っ切れて、「もう肩書きで人を見るのはやめよう。人は皆平等だ」と考えるようにしました。

そう考えると「決めた」のです。

そこからは彼に不当に扱われていると感じたら、自分の意見を言うと決めて接するようにしたのです。そうすることで、少しずつ対等な関係を取り戻すことができるようになりました。

POINT

恋愛に相手のスペックは関係ない

決めれば、この瞬間から変えられる

対等な関係を取り戻すのには、このように「考え方を変えること」が最も早い解決方法です。

これがたとえば「対等になるために起業しよう」となったら、何年かかるかもわかりません。でも、**考え方は「変えると決めれば、今この瞬間から変えられる」**のです。

考え方を変えて気づくのは、**自分のことを下に見ていたのは、彼ではなく自分だと**いうことです。

たとえば、彼が高学歴で、自分は頭が良くないと思っている場合。

女性が、自分は彼よりも下だと感じて彼に何も言えなかったり、逆に、下だと思いたくないため、彼の意見に何でも反論したりしてしまうことがあります。

また、対等になろうと、たくさん資格を取ろうとする人もいます。

でも、学歴は、単なる一つの指標です。高学歴の人が素晴らしく、学歴がないから人として劣っているわけでもありません。

私の知り合いには、有名大学を卒業したけれど、パチンコにはまって借金に追われている人もいれば、中卒でも、経営者として社員から愛され幸せな人生を送っている人もいます。


このような事例は、世の中にたくさんあります。

一つの物差しだけに捕らわれて、人に上下をつけていないでしょうか。

考え方を変えるには、練習が必要です。**何度も「考え方を変える」と意識し直して、フラットでいる思考を手に入れましょう。**

POINT

フラットな関係は思考からつくられる

「意識を自分に向ける練習」で、新しい自分をつくる

相手が離れていっていると感じるときは、**自分の中で相手を思う割合が高くなっているとき**です。

自分：相手＝5：5ではなく、3：7 or 2：8などになっていると、「相手が離れていっている」と感じるのです。これを5：5のフラットに戻すためには、意識的に思考や時間を「自分のためだけ」に使う必要があります。

「彼は今何しているのかな」と考えている時間を「私は今何がしたいかな」と考えるようにするのです。

「彼に会いたい」という思考が出てきたとしても、それは無視します。

彼とは全く関係のないことで、自分のために時間を使うのです。

趣味の時間でもいいし、自分を磨く時間でもいいです。とにかく自分自身のために時間を使います。そうすると、**自然と彼がこちらに向いてくれるようになります。**

パートナーシップは天秤のようなものです。

相手のために使う時間や感情が多ければ天秤は相手に向き、自分のために使う時間や感情が多ければ、天秤は自分に傾きます。

自分たちの関係は天秤でいうとどうなっているのかを客観的に把握して、相手に傾きすぎているときは自分に意識を向け、自分に傾きすぎているときは相手に意識を向けるようにしていくと、対等な関係を築くことができます。

POINT

彼の気持ちが離れていると感じたら、自分のやりたいことを優先！

4章

不安や寂しさが、
感謝と幸福感に変わる
「LOVEノート」

"素晴らしい私"を私が知らない!?
まずは魅力あふれる私を知ろう♡

自分自身の魅力をきちんと知ることで、現実は大きく変わります。

あなたの人生でよく起きる困ったパターンが存在しませんか?

それは、**あなたが自分に対するイメージ(セルフイメージ)をネガティブに捉えていて、それがあなたの目の前の現実を引き起こしているから**です。

たとえば、「彼氏にいつも振られてしまう」という人は、「私はずっと愛してもらえるほどの人間じゃない」というセルフイメージが強い状態です。

「人からよくバカにされてしまう」という人は「私は人と比べて劣っている」というセルフイメージを持っています。

一見スピリチュアルなことのように聞こえますが、科学的に証明されている心理学の理論です。

人は、自分が強く信じていること（ビリーフ：信念、思い込み）が実現されるように、無意識のうちに行動しています。自分が信じていることが証明されるように生きている。

なぜなら信じていることが現実になると、心理的に安心するからです。

人は誰もが「私は正しかったんだ」と思いたいので、自分が信じていることの正しさを証明しようと行動するし、その証拠を見つけようとします。

ですから、「私はずっと愛してもらえるほどの人間じゃない」と信じている（思い込みがある）と、それを証明するために〝愛してくれない人〟を選んだり、他人からすればなんでもない彼の行動（ＬＩＮＥが数時間既読スルーされているなど）を、「浮気の証拠だ」と考えて彼を問い詰めたりします。

そうすると、結果的に彼があなたから離れていき、愛されない現実が起こります。

たとえ、口では「愛されたい」と言っていても、心の奥底では、「愛されない」という自分の信じていることが証明されてホッとしているのです。

事実、自分は愛されないと思い込んでいる人が、自分をすごく愛してくれる人と付き合うと、なんだか落ち着かなかったり、「こんなに好きだと言ってくるのには何か裏があるんじゃないか」と疑ったりしてしまいます。

でも、これらのことを逆手にとって、**自分が信じているセルフイメージをいいものにしてしまえば、現実も変わりはじめます。**

セルフイメージを**「私は愛される価値がある」**に変えられれば、それを証明するために「たっぷり愛してくれる人」を選べるようになるし、愛されている証拠を見つけられるようになります。すると、**「愛されている」現実が眼の前に現れます。**

そこで、そのセルフイメージを書き換えるために、まずは自分の魅力を知る必要があります。**自分の魅力に気づけば、その魅力を証明するために行動するようになり、そこから新しい現実が生まれます。**

私自身、顔が丸いことをものすごくコンプレックスに感じていました。

一時期、頬の骨を砕いたら顔が細くなるんじゃないかと、カナヅチを手にしたことまでありました（笑）。

結局怖くてできませんでしたが、それくらい自分の顔が嫌いでしかたありませんでした。でもあるとき、この丸顔が男性を癒しているということに気づきました。

そうして、自分の魅力に気づいて生きられるようになると、「りさちゃんの丸顔可愛い」「りさちゃんって顔が丸くて癒されるよね」と言ってくれる人が、一気に増えたのです。

また、**自分の魅力に気づけると、男性に余計なものを求めなくなります。**

自分の不足分を男性に補ってもらう必要がなくなるからです。すると、男性と本質的な関係を築くことができるようになります。

work

1

自分の魅力に気づくワーク

他人から褒められたり、
感謝されたりするところ（長所）を
外見・内面ともに書きましょう。

※自分で書けない場合は、周囲の人に聞いてみよう！

2

まず、自分の短所だと思うところを、
矢印の左側に書き、
次に矢印の右側で、
短所を長所に書き換えましょう。

※自分で書けない場合は、短所を自分で書いて、
周囲の人に長所へ書き換えてもらいましょう。

例 忘れ物が多い → 忘れても臨機応変に対応できる
部屋が汚い → 細かいことは気にせずおおらか

shortcoming 短所		advantages 長所
	→	
	→	
	→	
	→	
	→	
	→	
	→	
	→	
	→	
	→	
	→	
	→	
	→	
	→	

本当に「どうせ愛されない」!? 見えていなかった〝過去の恋愛〟

先程もお伝えしたように、恋愛をこじらせている女性の深層心理には、「どうせ愛されない」という思い込みがあります。

この、「どうせ愛されない」という心理は、「どうせ〝私なんか〟誰も愛してくれない。もういい！」といった、**いじけた気持ちや、怒りにも似た感情**です。

ですから、新しい出会いがあったり、素敵な方とお付き合いができたりしても、「どうせあなたも私なんか愛してくれないんでしょ。わかってるわよ！」と心の中でつぶやいているのです。この状態になってしまうと、恋愛はなかなかうまくいきません。

相手がどんなに愛してくれても、いじけているあなたは素直にそれを受け取ることができないからです。

こうなってしまう原因の多くは「過去の恋愛」にあります。「どうせ愛されない」＝「どうせあなたも私なんか愛してくれない」ということです。そして、「どうせあなたも」からわかるように、過去の恋愛において愛してくれなかった相手を責め、そしていじけているのです。

そして、もう一つは「どうせ私なんか」という感情もあります。過去の恋愛において愛されなかった自分も責めているし、そんな自分に怒りを感じているのです。これは何か過去の恋愛において失敗してしまった自分を責めているということです。自分の失敗によって恋愛が終わってしまうと「もっとああすればよかったこうすればよかったなんで出来なかったんだ」と自分を責めます。

この、**過去の恋愛における相手と自分に対する「責め」が現在の恋愛を苦しくしているの**です。

過去の恋愛にとらわれている状態から抜け出すためには、過去の恋愛相手と自分

自身を「受け入れる」必要があります。

過去の恋愛が終わってしまったのは、**自分だけのせいではないし、相手だけのせいでもない。お互いに理由があってのことで、どちらも悪くなかった。**そうやって、過去の恋愛を受け入れていくことです。

たとえば、彼に浮気をされて振られた生徒さんがいました。その生徒さんは浮気をした彼のことを何年経っても「彼が浮気したから、私はまともな恋愛ができなくなった、誰も信じられなくなった」と責め続けていました。

同時に「私が美人でもないくせに、いろいろと文句を言ったりしたから浮気をされたんだ」と、自分のことも責めていました。

浮気をした彼を責めつつ自分のことも責めている。これは「どうせあなたも私なんか愛してくれない」という状態です。

責めているということはその出来事がまだ受け入れられず、消化できていない状

況です。消化できないと、その過去に縛られ続け、前に進むことができません。

彼女は、新しい恋愛に踏み出そうとはするけれど、その過去がよぎり、なかなか一歩を踏み出すことができませんでした。

ですから、過去から抜け出すために、浮気をした彼と、浮気をされた自分を受け入れるためのワークを行いました。

これによって、彼女は当時の彼も自分も受け入れ、消化することができ、次の恋愛をスタートすることができました。

それでは、あなたにも実際にそのワークを試していただきましょう。

work

2

過去の恋愛を受け入れるワーク

1

つらい別れとなった彼と、「もう一度会ったとしたら伝えたいこと」を手紙に書きます。
彼を罵倒することになってもかまいません。
とにかく言いたいことを遠慮なく書きましょう。

2

彼目線で、なぜ別れることになってしまったのか、その理由を書きましょう。

例　自分のことで精一杯だったし、仕方なかった。ごめんね。

3

彼とのお付き合いで得たこと、学んだことを書き、この出会いにポジティブな意味づけをしましょう。

例　○○君と出会って、たくさん不安になる経験をしました。でもそれで、私には安心が必要なんだってことがわかったよ。自分の本当に大切なものに気づくために○○くんと出会ったんだと思う。

4

彼と出会って幸せだったこと、うれしかったことを書きましょう（最後は感謝でおわります）。

例　○○君がくれたプレゼント、とってもうれしかったよ。○○くんとのデートはいつも笑えて楽しかった。本当にいい思い出をありがとう。

こじらせ恋愛パターンを書き換える

恋愛をこじらせてしまっている女性の多くは、振り返ってみると何度も何度も同じような失敗を繰り返していることが多々あります。

たとえば、このようなものではないでしょうか。

・毎回自分の方が追いかけるようになって「重い」と言われて振られる
・どうしても我慢をしてしまい最後には爆発してそれが原因で別れる
・付き合うといつも不安になって辛くなり、自ら別れを告げる

このように、過去の恋愛をいくつか振り返ると、終わり方は違えど、共通点が見えてきます。

そこが**あなたの恋愛がうまくいかない原因であり、パターン**なのです。
まずは、**そこに気づくことが必要**です。

そして気づけたら、そのパターンを脱却するために、行動パターンや思考パターンを新しくする必要があります。

そのために、これから過去の恋愛を振り返るワークをしていきましょう。

work 3

こじらせ恋愛パターンを書き換えるワーク

1

過去の恋愛相手の名前を書きましょう。
できるだけ3人あげます。
片想いだった人でもOKです。

2

自分が不安になった状況や、
別れるきっかけになった行動を書きましょう。

例　LINEの返信がなかなかこない時に、「何かしちゃったのかな」「私より好きな人がいるのかな」と不安になった。重く思われたくないから、早く返信してほしいと言えず、最終的に長文LINEを何通も送ってしまった。

3

②でなぜ不安に思ったのか、
なぜその行動をしてしまったのか
理由を書きましょう。

例　LINEを返信しないのは、私のことをどうでもいいと思っているからだと思う。私のこと好きじゃないのかもと不安になった。でも、私のことをわかってほしいし、辛い気持ちにたえられず、LINEで全部伝えてしまった。

4

③のときにどう考えればよかったのか、
どう行動すればよかったのかを改めて書きましょう。

例　既読スルーは、忘れていたか、忙しかったと考える。一度気持ちを整理してから本当に伝えたいことを伝える。LINEではなく会って話す。

5章

永遠に愛され
二人の人生のステージが上昇する
「オンリーワン&ナンバーワンの魔法」

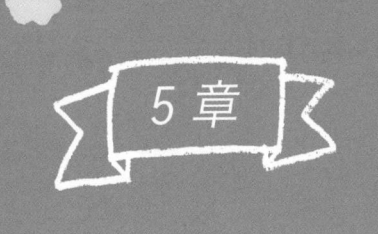

競わないパートナーシップ①

彼との関係に「競争」を持ち込まない

「大好きな彼に溺愛されながら、自分の夢も叶えて、二人で一緒に思い通りの人生を歩みたい！」

今の女性なら、そんな欲張りに生きていきたいと思う人も多いと思います。

そのためには、今、あなたが彼とどんな関係を築いているかにかかわらず、本章でお伝えしていくことを、必ず心に留めておく必要があります。

まず、**パートナーシップに「競争」を持ち込まないこと。** 彼と競争してしまうと、支え合い、高め合うどころか、足の引っ張り合いになってしまいます。

たとえば、自分の仕事やプライベートがうまくいっていないときに、彼の仕事がうまくいったり、昇進したりすると、**彼を引き摺り下ろしたくなる心理が働いてし**

まいます。

もちろん、純粋に彼の活躍をよろこぶ気持ちは出てくるでしょう。

でも、心の奥で、彼に「置いていかれてしまう」という不安や、「自分は何もできていない」という劣等感、「私なんてダメだ」という無価値感が湧いていることが多いのです。

この感情によって、あなたは彼に「仕事よりも私を大事にしてよ！」と必要以上に迫ったり、彼の大事な会議があるタイミングで体調を崩したりしてしまいます。

どうしても、彼に置いていかれるように感じてしまうのです。

一番近い存在の彼だからこそ、**あなたの中の〝向き合わなければならない感情〟を刺激し、あぶり出されてしまいます。**

愛する彼が輝くことはうれしいけれど、自分がどんどん惨めに思えてくるのです。

POINT

今抱えているモヤモヤは、彼との「競争」から生まれているかもしれない

競わないパートナーシップ②

共同創造のパートナーシップ

これからの男女の在り方には、**お互いを刺激して高め合い、どんどん新しいステージへ上がっていく「共同創造のパートナーシップ」が理想的**です。それは、男性も女性もどちらも輝けるパートナーシップです。

でも、先程お伝えした、競争によって起きる心のしくみを、解消していかないと、二人でより良い未来に繋げることはできません。

従来のパートナーシップはいわゆる亭主関白の男性と、一歩引いて男性を立てる大和撫子的な女性が一緒になり、女性がいわゆる「下」になることで、男性の男性性を高め、輝かせていました。

男尊女卑の考え方などから賛否両論ありますが、役割分担としては適切とも言えます。少なくとも「競争」の概念がないからです。

共同創造のパートナーシップとは、まずどちらかが相手を持ち上げて次のステージに上がる手助けをします。そして、先に上がった方が手を差し伸べて、もう一方を引き上げてあげる。これを繰り返し、二人でどんどん登っていくのです。

これを可能にするのは、**自分が先に上がれたのは「相手のおかげ」で、「下からパートナーが持ち上げてくれた」という自覚**です。

もし先に上がった方が、「ほら、ここまで登って来なよ！　早く！」と言うだけで手を差し伸べず、なかなか登って来られない相手に苛立ちを感じてしまうと、下にいる方は、先に登っている相手に対して劣等感を感じます。

そして、一緒にいることが苦痛になったり、自信を失ったりしてしまいます。

POINT

「相手のおかげ」がお互いを高め合うヒケツ

競わないパートナーシップ③

二人で一つのパートナーシップ

この、共同創造のパートナーシップをつくっていくには、**「二人で一つ」と意識することが大切**です。

お互いが影響しあって一つの現実をつくっているということ。

彼の成功はあなたの成功であり、あなたの成功は彼の成功と考えます。

たとえば、彼が仕事で成功して年収が一千万円になったとしましょう。

すると、うれしい反面、不安な気持ちも出てきます。「私なんか必要じゃなくなってしまうのではないか」という不安です。

そんなとき、**その一千万円の半分は、あなたがつくり出したものだと考えましょう。**

仕事に打ち込める環境をつくってあげたり、彼があなたと一緒にいることで心が安定したり、あなたが彼を認めてあげたりしたことが、その一千万円をつくり出したのです。

ですから、**実際に仕事をしているのは彼かもしれませんが、少なくともその半分は、あなたの力**なのです。

これが、「二人で一つ」のプラス面での考え方です。

POINT

ポジティブもネガティブも今の現実は二人がつくっている

競わないパートナーシップ④

マイナス面も、「二人で一つ」で受け入れる

一方、マイナス面においても、「二人で一つ」の考え方は、必要になります。

たとえば、「浮気」です。

パートナーが浮気をしたとき、一般的には相手に否があると考えます。

ですが、**「二人で一つ」の視点から考えると、浮気も片方だけの問題ではありません**（もちろん根っから浮気性の人もいますので、その場合は例外です）。

浮気は、二人で引き起こしたことと考えます。

彼が浮気をしていたとしましょう。

その場合、もしかすると女性が、彼を男性として扱っていなかったり、仕事にばかり目を向けてしまい男性性が強くなり過ぎたり（キャリアのある女性によくあり

ます）しているかもしれません。

ただその場合、「私が悪かったんだ」「私のせいだ」と、自分だけを責める必要はありません。そして、彼だけを責めてもいけません。

ここで必要なのは、**「二人の何が浮気という現実をつくったのか」と、お互いに冷静に見つめること**です。

そうすることで、お互いが向き合うべきものが見えてきます。

共同創造のパートナーシップ、「二人で一つ」に大切なのは、**「いい現実もそうではない現実も二人でつくっている」という意識を持つこと**です。

自立に走りすぎている人は、彼を信じてみる。依存に寄りすぎている人は、現実は二人で作っていると理解して、相手に寄りかかりすぎないようにしてみる。

これが大切です。

POINT

どちらが正しいかではなく、二人でどうしていくかに目を向けよう

男性性のスイッチを切り替える

パートナーシップがうまくいってないと感じるときは、**自分の中の男性性を見つめ直してみる**と改善する可能性があります。

特にバリバリ仕事をこなす**キャリア女性は、男性性を少し抑えることが大切**です。

男性性とは、「リーダーシップ」や「積極性」、「論理性」「攻撃性」「目標達成」といった「動」の、いわゆる男性的な性質です。

また、女性性とは、「優しさ」や「包容力」、「感受性」「共感力」「相手に委ねる」「いまを感じる」などの「静」の、いわゆる女性的な性質です。

女性の男性性が高まっている場合、彼と一緒のときにも、すべて仕事のタスク管理のようにこなしたり、一人でなんでもやろうとしたりしてしまいます。

それは、男性が二人いるかのような、むしろ彼よりも男らしくなってしまったような状態です。するとそれにともない、彼は女性性が強くなっていきます。

これは、どんなにしっかりした人でも自分よりしっかりした人が一緒にいると、ちょっと抜けてしまうのと同じように、**人は相手の状態によって自分の状態も自然と変わるから**です。

男性の女性性が強くなって中性的になると、男としての自信を失ってしまいがちです。女性よりも男らしくない自分に情けなさを感じるようになります。

男性は自信を失うと、自分のことを嫌いになってしまうので、男らしい自分を取り戻すために、女性のいるお店に行ったり、浮気をしたりします。

もしくは、男性性が弱まり「動」のエネルギーが極端に減ってしまうと、行動する気力を失い、無気力になったり、人によっては鬱になってしまう人もいます。

POINT

自分の中の女性性と男性性、どちらも大切に

女性が女性性を、男性が男性性を取り戻す方法

男性に起こるこれらのことが、「自分によって引き起こされている」と気づいていない女性は、そんな男性を見て「情けない」「男らしくない」と、相手を責めます。

すると、さらに男性は自信をなくすという悪循環にハマってしまいます。

こうならないためには、**女性が意識的に男性性のスイッチをオフにすることが必要**です。アロマなどでリラックスできる空間をつくったり、タスク管理的にものごとをこなすのを一旦やめたりして、交感神経バリバリから副交感神経を働かせるようにします。そして、目の前の彼に集中し、彼の気持ちや、彼と触れているときの心地よさに意識を置いてみましょう。

また、自分で仕切ってしまっていたものごとを彼にお願いしてみましょう。

こうすることで、**女性はだんだんと女性性を取り戻すことができますし、男性も男性性を取り戻すことができます。**

男性性優位の女性は、彼ではなく、未来のことばかりを考えてしまっています。

実は、私も男性性が強めです。ですから意識しないとどうしても先々のことばかり考えてタスク管理に走ったり、今この瞬間の幸せを忘れてしまったりします。

この切り替えには、練習が必要です。

自分の中には、実は、いろんな「自分」がいるものです。ぐーたらな自分もいるし、仕事モードの自分もいます。**自分のモードが何で切り替わるのかを知っておきましょう。**「甘えん坊モード」など、あなたが無理せずできる「〇〇モード」を設定してみましょう。そして、彼と一緒にいるときに、そのモードで彼に接してみてください。彼との関係性が、一気に変わるはずです。

POINT

相手に男らしさを感じなくなったときこそ頼ってみて

男性があなたを大切にしたくなる「女性らしさ」

男性はどんなところに、女性の「女性らしさ」を感じるのでしょうか?

それは、**「女性が自分自身（女性）を丁寧に扱っている」と感じたとき**です。

自分を大切にしている女性を見ると、**男性は、「自分もこの人を大切にしたい」と思います。**

そして、自分の側にいてくれる女性が、自分自身を大切にし、美しさを磨いたり、言葉遣いを丁寧にしたりすることで、男性は「自分（男性）に敬意を払ってくれている」と感じます。

逆に、自分のパートナーが、ケアを怠っていたり、乱暴な言葉使いをしていたりして、**女性が自分を大切に扱っていないように感じると、男性は「自分（男性）は大事にされていない」と思ってしまうのです。**

女性も、自分と会うときに、彼が身なりを全く気にせず、乱暴な言葉遣いだったとしたら、「私のことを大切に思っていないのかな」と感じますよね。

よく男性が、「女性がポテチや煎餅を食べながら横になっている姿を見たくない」というのは、残念な女性になってしまったということよりも、「自分のことを大切に思っていない感じがするから嫌だ」ということなのです。

ですから、彼との幸せなパートナーシップをつくる上で、「女性らしさ」は欠かせません。

でも、その「女性らしさ」とは、料理が上手だとか、家事が完璧にこなせるとか、そういったことではなく、「あなたがあなたを大切にする」ことです。

彼と幸せになりたいのであれば、まずは自分を慈しむことが大事なのです。

POINT

自分を大切にすることは相手を大切にすること

オンリーワン&ナンバーワンを伝え続ける

男性が本能的に求めている女性像。

それは、オンリーワン&ナンバーワンを伝え続けてくれる女性です。

男性にとって、「彼女の役に立っている」こと、「彼女に必要とされている」ことは、〝男性が男性として生きていくために欠かせないこと〟です。

ですから女性は、「私はあなたにいつも助けられているよ」「あなたはいつでも私のオンリーワンで、ナンバーワンだよ」と、彼に伝え続けることが必須です。

もしそれが彼に伝わっていないと、やがて、自分を認めてくれる存在を他に求めて、仕事にしか興味がなくなったり、別の女性を探したりしてしまいます。

男性は誰かに認められないと、心から満たされた気持ちになれないのです。

「優しく話を聞いてくれるから、私はすごく幸せな気持ちになれるの」

「あなたが誰よりも頼りになるから、安心していられるよ」

こんな風に、毎回同じセリフではなく、さまざまなバリエーションで言語化してあげると、男性は女性の役に立てた感覚を強め、幸せを感じます。


そして、**彼が何かをしてくれる度に、何度でも伝えることが大切**です。

女性も「愛している」と一度言われるだけでは、寂しく思ってしまうように、**男性も一度だけでは、自分があなたの役に立てているか不安になるのです。**

POINT

オンリーワン&ナンバーワンが男性を輝かせる

彼が弱っているときこそオンリーワン&ナンバーワンが大切

男性は、**仕事がうまくいってないときや人生が思うように進んでいないときほど、「オンリーワン&ナンバーワン」を欲します。**

もし、仕事がうまくいっていれば、たとえ女性から認められなくても、「仕事の評価による承認」が得られて、彼の自尊心は守られます。

でも、仕事がうまくいっていないときは、女性から認めてもらえていないと「こんな僕はこの女性を幸せにできているのだろうか」と不安になってしまうのです。

そしてどんどん自信を失っていき、だんだんその女性といることが居心地悪くなってしまうのです。それは、自分の居場所がないような感覚です。

POINT

あなたの言葉で彼は自信を取り戻せる

女性はついついパートナーの男性がうまくいっていないときや、くよくよしているときに「もっとしっかりしてよ!」と叱咤や、「大丈夫なの?」と心配しすぎるといったことをしてしまいます。また、口には出さなくても、態度に出てしまうことが多々あります。

すると男性は、さらに自信を失い、どんどん萎縮してしまいます。

ですから、彼の不調時や本調子でないときこそ、彼だからこそのステキなところや(オンリーワン)、あなたにとってのナンバーワンであることを、しっかり伝えましょう。

そうすることで彼は自信を取り戻し、再びチャレンジする意欲やエネルギーが湧いてくるのです。他でもない、自分を信じてくれるあなたのために。

"ナンバーワン" "オンリーワン" だけではダメな理由

よく恋愛書には「彼がナンバーワンだと伝えましょう」とありますが、実はこれだけではダメなのです。

なぜなら「ナンバーワン」だけを伝えていると、**「いつも一番でなければならない」という心理が、彼を追い詰めることになるから**です。

「自分より上が現れたらその人がナンバーワンになってしまう」という不安……。**ずっと一番を目指し続けることは辛いのです。**

特に、男性は仕事で「ナンバーワンにならなければならない」という気持ちを強く持っています。それに加えて彼女の前でも「常にナンバーワンでいなければ」となってしまうと、苦しいのです。

そこで必要なのが、**誰とも比較しない彼の「オンリーワン」の部分を伝えること**なのです。

ナンバーワンでなくてもオンリーワンの部分で愛されることを知っていれば、競争の世界から離れ、安心して彼女との関係を築くことができます。

では、オンリーワンだけ伝えていればいいのかというとそうではありません。「ナンバーワンになりたい」という欲求は男性がもつ原始的な欲求です。そこもきちんと満たしてあげる必要があるので、ナンバーワンとオンリーワンのどちらも伝えていくことが大切なのです。

POINT

一番じゃなくても愛される安心感を与えてあげよう

彼の弱さを受け入れる

「オンリーワンとして認められている」と男性が感じるためには、自分の弱い部分を出したときに、それでも愛されているという実感が必要です。

「弱い自分でも愛されているのは、彼女が必要とする何かが僕にはあるのかな」と感じ、「僕は彼女のオンリーワンなんだ」という思いを強めます。

ですから、**彼の弱さを受け入れてあげることがとても重要**です。

しかし、男性は普段女性に自分の弱い部分を出そうとはしません。

男性はいつだって強い男でいたいし、カッコいい男でいたい。言い換えれば、そういう男でいないと愛されないと思っているからです。

ですから、弱さを受け入れるためには、まず**男性が弱い部分を出せる環境をつくらなければなりません。**

その環境を作るためには積み重ねが必要です。

彼が何か失敗をしたときに責めずにいてあげることを繰り返し、男性が「この女性の前では失敗してもいいんだ」と思えるようにしていきます。

これを続けていると、彼が仕事で落ち込んだ姿を見せたり、弱音を吐いたりするときが来ます。そのときに彼を受け入れるのです。

受け入れるというのは、ただ聞くこと、そばにいてあげることです。

「頑張って」という言葉も、アドバイスも必要ありません。

ただ彼の側にいて、彼の話を聞いて、「あなたなら絶対大丈夫だよ」と心の中でエールを送りましょう。

そして、いつもの笑顔のあなたでいてあげるのです。

POINT

自分を受け入れられた分だけ、彼を受け入れてあげられる

自分の弱さを受け入れる

彼に、はっきりとアドバイスを求められたときだけ、彼の失敗や落ち度を責めたり、否定したりせず「私はこう思う」と自分の意見を話しましょう。


これがなかなかできず、彼にアドバイスをしてしまう女性がとても多いのです。

勝手にアドバイスをしたくなるのは、**彼の現状を受け入れていないから。**

何かとアドバイスをしたくなる人は、**自分に課題がある**のです。

自分の弱さを受け入れず、強くなるために頑張っている人ほど、弱い相手を受け入れられません。

「私だってこんなに頑張ってるんだから、あなたも弱音なんて吐いてないで頑張ってよ!!」という気持ちになるのです。

でも、自分に対して「頑張れないときもあるよね。人間だもん。弱音を吐いたっていいよね」と思えるようになると、相手の弱さも受け入れられるのです。

自分の弱さを受け入れて認めると、相手の弱さも受け入れられ、認めることができます。

そうすると、彼だけでなく、自分も安心した状態で彼との関係を築くことができるようになります。

POINT

自分に優しくなることで、彼にも優しくなれる

彼よりも彼の可能性を信じる

男性は、自分の可能性を、自分よりも信じてくれる女性のことを、本当に大切にします。彼の最高の未来を女性が見てあげましょう。

あなたが感じている彼の良さや長所から、彼の可能性を見る練習をするのです。

「あなたにはこんな素敵なところがあるから、もっと大きな舞台にいっても大丈夫だと思うよ」と、彼に伝えてあげましょう。

特に彼が自信を失って自分の可能性を諦めそうになっているとき、あなたが彼の可能性を見せてあげると彼は自信を取り戻します。

そんな風に自分の可能性を信じてくれている人がいたらうれしいし、そんな人と一緒にいたいと思います。

そして、**女性であるあなたにしか見つけられない可能性が必ずあります。**

POINT

あなたの信頼が彼をスーパーマンにする

男性はどうしても「目標達成」や「ヒーローになる」ことに思考がいきがちですが、女性は現実的な視点を持っています。彼の可能性を見ることによって、彼が「目標達成」や「ヒーローになること」ばかりに目を向けて大切な「今」を忘れそうになっているときに、それをしっかりと伝えることで方向修正ができます。

もしくは、彼が自信を失って「小さな目標」にばかり目が向いているときにも、「あなたはもっとできる人だよ」と肯定的に伝えることで、彼本来の力を引き出してあげることができるのです。

そんなパートナーを持つ男性は〝伸びるしかない〟と言えます。

最高の幸せを手に入れる鍵は女性の○○にある

実はこの男女の役割は、人間の原始的な役割なのです。

大昔、男性は狩りをして獲物をとることで、生活を支えていました。

そして女性は天災などを察知しそれらを男性に伝え、今後の方向性を与えていました。

その女性の意見に男性が従っていた時代があり、この役割分担が社会としてはうまくいっていたのです。

男性が物質的なものを得て来ることと、女性が精神性でサポートすることは、男女の本質的な役割に沿ったものです。今はまだ男性優位の時代ですから「女性の考えは間違っている」とされることが多々あります。

でも、そうしていると、**「型にはまった幸せ」は手に入っても、「二人の本当の幸**

せ」は得られないのではないかと、私は考えています。

自分の中にある精神性を認め、それをパートナーの男性のために使ってサポートできるようになれば、パートナーシップの掛け算が生まれて、より良い関係が築けるようになります。

男性は論理的データ、知識、目標達成などの目に見える物質的なものを重視して、物事を考えます。

すると、目に見える権力やステータス、お金、名誉といった、わかりやすいものに走ってしまいがちになります。それだけだと、最高の幸せを手にすることはできないのです。

女性が自分の精神性（直感、ひらめき、気づき、察する力、感受性など）を大切にしてサポートすると、パートナーシップの掛け算が生まれ、彼の人生をより豊かな方向に導けるようになります。

POINT

女性の直感が二人の最高の未来につながるヒント

彼の価値観を理解し、違いを許す

彼が大切にしたいものを理解してあげることは、パートナーシップにおいて重要です。

彼にとって何が幸せなのかをきちんと見て、認めることが必要です。

人はどうしても自分の価値観の延長線上でパートナーを見てしまうので、自分には理解できないことが許せません。

たとえば女性が健康志向でお酒を飲まない女性だった場合、お酒を飲む男性のことを「不健康だ」「お酒なんて飲まない方がいい」と責めたりします。

「不健康だ」と思っているのも「お酒なんて飲まない方がいい」と思っているのも、あなたの価値観です。

彼にとってはお酒を飲むことはリフレッシュであり、意味のあることです。物事にはいろんな側面があるし、価値観にもさまざまあると理解して、**自分とは異なる考え方も認める「幅」が大事**です。

そうでなければ自分と違う価値観についてすべてを否定してしまうことになり、同じ考え方の人としか付き合うことができなくなってしまいます。

考え方が違うからこそ、お互いに気づきがあって、パートナーシップの掛け算が生まれることもあるのです。

POINT

まずはあなたが彼の一番の理解者になってあげて

女性が〝彼のお母さん〟になってしまう理由

そして、彼の価値観は変わる可能性もあります。

私の知り合いの男性で、お酒を飲むことをとても大事にしている方がいました。リフレッシュや、飲みニケーションでお酒が必要だと感じていたのです。

しかし、その男性はあるとき、「自分にとって本当に大切な人以外と飲みニケーションするのは時間の無駄だ」と思うようになり、お酒以外でリフレッシュする方法を見つけ、ほとんど飲まなくなりました。

彼自身の気づきによって変わる可能性があるのです。

むしろ、女性側がいくら彼の価値観を否定したり、自分の価値観を押し付けようとしたところで、彼自身が気づいて納得しなければ変わることはありません。**価値観を押し付けることは誰にもできない**のです。

自分の価値観を押し付けたくなる人というのは、自分が他人に価値観を押し付けられてきた場合が多々あります。特に母親や父親である場合が多いです。今まで押し付けられてきて、しかもその価値観が一般的だった場合、自分も他人に価値観を押し付けたくなるのです。

しかし、それはパートナー間でやってしまうとうまくいきません。なぜなら、**価値観の押し付けが、〝しつけをするお母さん〟になってしまう**からです。

男性に対して「お母さん」をやってしまうと、男性としてはなんだか子ども扱いされているような、バカにされているような感じがしてしまいます。

価値観を押し付けるのではなく、彼の価値観を理解する方に回ることで、彼は自分を尊重してもらえていると実感していきます。

POINT

〝常識〟の押し付けで〝男女〟から〝親子〟になってしまう

二人の〝最高の夢〟を共有する

お互いの最高の夢を共有すると、夢が叶いやすくなります。

なぜなら、**未来を共有することで、それぞれの夢が「二人ごと」になり、そこに向かうステップも共有されて、お互いに協力し合うことができるから**です。

結婚したい彼がいる、もしくは、既に結婚しているのなら、「二人の夢」をつくりましょう。

どんな家庭を築き、どんな生活をしたいかなどの叶えたい夢だけでなく、口に出すのをためらうような心に秘めた夢こそ、「二人の夢」として共有し進んでいく。

そうすれば、いつの間にか、当然のように手にしている日が来るはずです。

POINT

ふたりで進むことが幸せへの近道になる

おわりに

今ある恋愛の苦しみは、未来の〝最高の幸せ〟の種

最後までお読みいただき、本当にありがとうございました。

この本では最初に、「自分を知ることの大切さ」をお伝えしました。

魅力を見つけるワークや、過去の恋愛を振り返るワークなどを通して「自分」とたくさん向き合い、「私ってこんなこと考えていたんだ！」という気づきを少しでも得てもらえたらうれしいです。

「自分のことをどう考えているのか」「過去の恋愛での行動や考え方は自分の何が原因だったのか」を改めて考えてみることが、依存型の恋愛から抜け出す、最初の一歩になります。

そしてもう一つ、「彼を理解することの大切さ」も感じて頂けたかと思います。

彼が何を考え、何を求めているのか、男女の愛情表現や価値観の違いを知って、あなたの悩みが軽くなっていますように。

彼を理解することは、自分を知ることと同様に、パートナーシップを深めるためにとても大切です。

恋愛は自分だけではできません。自分を知り、彼を理解し、違いを受け入れながら二人で愛を育んでいってほしいと思います。

私はこじらせていた過去があったから、「本当の自分」に気づき、幸せな今があると感じています。ですから、同じように今恋愛で悩んでいるあなたも、いつの日か、「恋愛で苦しんだあの時があったから、最高に幸せな今がある」と思える日がくると信じています。

あなたがどんなに恋愛で悩み、苦しんでいたとしても、必ずその時はやってきます。「幸せになる」ことを諦めさえしなければ、絶対に大丈夫です。

本書を読んで「私も幸せになれる！」と感じると同時に、「やっぱり自信がない」「幸せになれなかったらどうしよう」とも感じているかもしれません。

でも、安心してください。私は3歳から25歳まで依存型こじらせ女子としての人生を歩んできましたが、最愛のパートナーと出会い、結婚することができました。

この幸せは、これまでのこじらせた経験があったからこそだと感じています。

この本があなたの背中を押すきっかけになりますように。

あなたも必ず幸せになれますよ！　愛を込めて…♡

鶴岡りさ

「依存型《いぞんがた》こじらせ女子《じょし》」だった私《わたし》が、
彼《かれ》から溺愛《できあい》される女《おんな》になれた方法《ほうほう》

2019年1月31日　初版発行
2020年2月10日　3刷発行

著　者……鶴岡《つるおか》りさ
発行者……大和謙二
発行所……株式会社大和出版
東京都文京区音羽1-26-11　〒112-0013
電話　営業部03-5978-8121／編集部03-5978-8131
http://www.daiwashuppan.com
印刷所……信毎書籍印刷株式会社
製本所……ナショナル製本協同組合
装幀者……林あい（FOR）

ISBN978-4-8047-0562-0